CHANSONS

—⟨⟩..⟨⟩⟨⟩•—

LE

PALAIS DE JUSTICE

PAR

LES MEMBRES DU CAVEAU

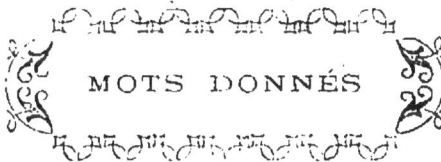

MOTS DONNÉS

PARIS

Imprimerie de A. APPERT, Passage du Caire, 56.

1865

LE
PALAIS DE JUSTICE

CHANSONS

LE

PALAIS DE JUSTICE

PAR LES MEMBRES DU CAVEAU

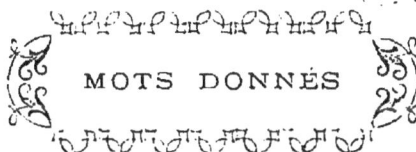

MOTS DONNÉS

PARIS

IMPRIMERIE A. APPERT, PASSAGE DU CAIRE, 56

1865

AVERTISSEMENT

Les Chansons que contient ce recueil on
été faites sur des *Mots* tirés au sort, et chantées
au banquet annuel (dit *Banquet d'été*) qui a eu
lieu le Samedi 17 Juin 1865, chez M. Gérard,
restaurateur, au *Moulin Vert*, à la porte Dau-
phine.

LE
PALAIS DE JUSTICE

~~~~~~

REVUE DES MOTS DONNÉS.

<><o•o><>

POT-POURRI.

Air : *Soldat français, né d'obscurs laboureurs.*

Lorsque ce soir nous allons parcourir,
Le verre en main, l'antre de la chicane,
Comme dirait Prudhomme... et découvrir
Plus d'un secret, plus d'un plaisant arcane ;
Chacun de vous, du bon goût partisan,
Sans ménager les traits de la malice,
De chaque chose en dressant le bilan,
Se souviendra qu'il faut faire preuve en
    Parlant du Palais... de justice.

Air de la *Catacoua.*

Pour l'ouvrir je cherche mon *code,*
Mais *Poincloud* l'ayant emporté,

À sa manière l'accommode,
Il en fait un code annoté !
Je vous en donne ma parole,
Moi, qui sans cesse le parcours
    Dans ses détours
    Et ses retours,
Comme à présent il n'est pas tous les jours
  Rempli d'entrain, de gaîté folle,
  De mots piquants, de calembours !

Air : *Ça n' se peut pas.*

On prétend que jadis en France
Certains *juges* étaient vils, mais
Grâce à *Vilmay*, j'ai l'assurance
Qu'à présent on n'en voit jamais !
—*Vergeron*, donnant à sa cause
Un tour piquant, original,
En sa faveur bientôt dispose
    Le *tribunal.*

Air de *Fanchon.*

Debuire de la *barre*
Sans hésiter s'empare,
   Fait gentiment
   Son boniment,

Obtient dans l'auditoire
Un légitime et franc succès;
   Et quitte le prétoire
   En gagnant son procès.

Air : *Adieu, je vous fuis, bois charmant.*

Il faut chez nous pour réussir,
De l'esprit, du goût et du style,
Et, faisant un doux élixir,
Mêler l'agréable à l'utile :
De la critique il faut pouvoir
   Subir sans crainte le contrôle,
Dubois de Gennes va ce soir
Montrer qu'il sait à fond son *rôle.*

Air de *Julie.*

En écartant avec grâce les voiles
   Qui nous cachaient son œil de feu,
L'air radieux et le front ceint d'étoiles,
   Vignon revient du pays bleu :
Dans les circuits de dame procédure,
   Il nous promène habilement,
Et nul de nous ne trouve assurément
   Que trop longtemps le *procès* dure.

AIR : *La bonne aventure, ô gué.*

Drake, plein d'illusion,
   Court la fantaisie,
Et fait à l'occasion
   De la poésie,
Mais je suis fort intrigué,
Sera-t-il pleurard ou gai
   Avec la *saisie,*
      O gué,
   Avec la *saisie?*

AIR : *Dans la paix et l'innocence.*

Quand d'une voix douce et tendre,
En ce joyeux carrousel,
Vasseur va nous faire entendre
De gais refrains sur l'*appel,*
Aux bravos dont on l'accueille,
Du succès bien convaincu,
Il ne craint pas que l'on veuille
Lui jeter la pelle au... dos !

AIR : *Contentons-nous d'une simple bouteille.*

Par son esprit et par son savoir faire,
Depuis longtemps *Thiébaux* montre comment
Il faut trouver et mettre dans l'affaire,
Pour réussir, le meilleur argument:

Il sait le fort et le faible des choses,
Et peut prouver, par maint certificat,
Que pour gagner chez nous toutes ses causes,
Il n'avait pas besoin de l'*avocat*.

Aɪʀ du *Curé de Ponponne.*

Salin, quand d'autres fréquemment
    Ne savent où le prendre,
En fait d'esprit a constamment
    De la monnaie à rendre :
Mais ce n'est pas sans but qu'il a
    Découvert la recette,
      Vous verrez cela,
        Quand il va
    Déployer sa *serviette.*

Aɪʀ : *Une fille est un oiseau.*

Un fille est un oiseau...
Mais quand elle est vieille et laide,
Et surtout quand elle plaide,
Son plumage n'est pas beau :
Grâces à la procédure,
Elle devient, je vous jure,
Oiseau de mauvais augure;

Par état je sais cela!
De *Duplan* la muse heureuse,
En nous chantant la *plaideuse*,
Fait aimer cet oiseau-là !

Air de l'*Artiste*.

Lagarde, à sa mémoire
Rien qu'en faisant appel,
Peut de sa propre histoire
Crayonner le pastel.
Si c'est lui qu'il doit peindre,
En chantant l'*avoué*,
Certe il n'a pas à craindre
D'être désavoué.

Air : *Du haut en bas*.

De son *dossier*
Quand *Ruel* fera l'ouverture,
De son *dossier*
Que nous allons apprécier,
Ce n'est pas de la procédure
Qu'il va tirer, je vous l'assure,
De son *dossier*.

Air : *A tous les coups l'on gagne*.

De gaîté *Brot* est toujours plein,
Même le plus avide

N'a d'esprit gaulois et malin
    Jamais vu *Brot* à vide :
Il va ce soir faire jaillir,
    Sans que rien s'en dérobe,
Celui qu'on voit déjà saillir
    Sous les plis de sa *robe*.

A<small>IR</small> du *Charlatanisme*.

Vacher, sans se faire prier,
Pénétrant dans le *vestiaire*,
D'un costume de chansonnier
S'habille à la bonne manière ;
Grelot, marotte, tambourin,
Tout est complet. — Dans sa défroque
Levaillant décroche un refrain,
Et sur l'oreille, en boute-en-train,
Crânement se pose une *toque !*

Air : *J'ons un curé patriote*.

Arpentant à gauche, à droite,
La *Salle des Pas-Perdus*
Pour faire une râfle adroite
Même des fruits défendus,
Clairville montre au Caveau
Par un chef-d'œuvre nouveau

Qu'il n'a pas,
Qu'il n'a pas,
Qu'il n'a pas perdu ses pas,
Non, il n'a pas perdu ses pas.

AIR : *Ah! qu'il est doux de vendanger.*

Bugnot, on ne peut le nier,
    Fréquente le sentier,
Que suivait jadis Désaugier,
    Et prouve, à chaque page,
    Que comme chansonnier
    Il n'en est plus au *stage!*

AIR de *Marianne*.

Mais *Fortin* vient d'ouvrir la bouche,
Je l'écoute avec intérêt,
Car ce qu'il dit de près me touche :
Des *clercs* il trace le portrait ;
    A faire croire
    Que c'est notoire,
  Il peint leur zèle ardent
    Et transcendant,
    Leur aptitude,
    Et pour l'étude
    Leur vif amour,
Augmentant chaque jour !

Leur conduite serait parfaite,
Si *Kraus*, qui connaît le secret,
Ne les débauchait par l'attrait
   Des vers de sa *buvette !*

   Air : *En vérité je vous le dis.*

Mahiet à l'*écrivain public*
De son style prête la grâce,
Le métamorphose et le passe
Au creuset de son alambic :
Ainsi vêtu de poésie,
Et marqué d'un cachet divin,
Le scribe, comme son Sosie,
Se croit un charmant écrivain.

   Air : *J'ai vu la boulangère.*

Ne rien savoir absolument
   Des choses nécessaires,
Mais exercer impudemment
   Un métier de corsaires,
Pariset vous dira cela,
     Voilà
  L'homme d'affaires.

Air : *Dis moi donc, mon p'tit Hippolyte.*

Quand *Cabassol* se met en tête
De traiter un joyeux refrain,

S'il était besoin d'une *enquête*,
Afin d'en démontrer l'entrain,
De *Blainville* arrive soudain :
Pour rendre la preuve éclatante,
Il n'a pas épargné les soins,
Du succès, quand chacun d'eux chante,
C'est nous qui sommes les *témoins!*

AIR de *Calpigi*.

Brunel, tout en lâchant l'écluse
Aux flots de verve que sa muse
En secret pour nous entassait,
Par quelqu'un — mais nul ne le sait, —
A fait rédiger son *placet*.
—*Duval* connaît bien son affaire,
A Lagoguée il s'en réfère.
Sûr de ne pas s'être enferré,
Pour nous chanter son *Référé*.

AIR : *Mon père était pot.*

Si l'on punissait de prison
    Ou d'une simple amende,
L'esprit qu'on répand à foison,
    La gaîté la plus grande,
        Tenez pour certain
        Que chaque matin,

En abonné fidèle,
  Lagoguée irait.
  Et même rirait
En *correctionnelle.*

Aɪʀ : *Ce magistrat irréprochable.*

D'un magistrat irréprochable
Demeuse devra nous parler,
Il en est certes bien capable,
Pourtant il a l'air de trembler :
Fût-on sûr de sa conscience,
Vertueux, intègre, loyal....
On n'aime pas être en présence
Du *Procureur Impérial.*

Aɪʀ des *Fraises.*

Bouclier, dans l'altercat
  Prêt à rendre service,
Offre d'un air délicat
De lui servir d'*avocat*
  D'*office.*

Aɪʀ : *J'ai vu partout dans mes voyages.*

Pour en faire un lieu de délices,
Pour être sûr d'y voir toujours

Esprit, verve, bons mots, malices,
De notre temps charmer le cours,
Il faut ici le reconnaître,
Dans un *violon* prisonnier
Avec *Fouache* l'on voudrait être,
Et prendre *Juteau* pour *geôlier*.

Air du *Petit mot pour rire*.

J'ai mal composé mon *jury*.
J'aurais désarmé, s'il eut ri,
  Son humeur légitime ;
En l'ennuyant j'ai mérité
Sa complète sévérité,
C'est un malheur, mais ce n'est pas un crime !

Air de *Philoctète*.

J'accuse *Flan* de mettre en ses chansons
Trop de talent, trop d'esprit et de charmes,
Et, mariant le rire avec les larmes,
D'escalader la route où nous glissons :
De l'*accusé* la voix vive et sonore.
En m'implorant, ne saurait me tromper.
Car de ses torts loin de se disculper,
Par ses accents il les aggrave encore.

Air : *C'est le beau Thomas*.

On sait que jamais
Dans le *huis-clos* on ne pénètre
C'est défendu, mais
Je regarde par la fenêtre.
  Pour s'être mal conduit,
  Lyon est introduit,
Aux juges alors il explique
La chose d'un ton si comique
  Qu'il est acquitté
  A l'unanimité!

Air : *Petit bouton d'or*.

Qui donc chante sous la table?...
  J'allonge le cou
Pour découvrir le coupable,
  Et... découvre *Grou!*
Comme il est, tout nous l'atteste,
  Conforme à la loi,
Le Caveau, sans nul conteste.
  Admet son *pourvoi*.

Air : *Bouton de rose*.

Sur le *gendarme*
Allard modulant son pipeau,

2

Répand un parfum plein de charme
Sur les bottes et le chapeau
Du bon gendarme !

Air du vaudeville de la *Partie carrée*.

En contemplant ces murs tristes et sombres,
Qu'ont habités la souffrance et le deuil,
Des condamnés en évoquant les ombres,
Grangé d'abord hésite sur le seuil.
Contre la peur, dès longtemps aguerrie,
Bientôt sa muse, au bruit de maint bravo,
Pour pénétrer dans la *Conciergerie*
        Prend la clé du Caveau.

Air : *Allez-vous en, gens de la noce.*

Ainsi que le veut la coutume,
Avant de clore les débats,
En quelques mots je les résume,
Et je vous le dis, mais bien bas :
Tous ceux, qui dans cet édifice
Des procès foulent les guêpiers,
En revenant estropiés,
Chantez le Palais de Justice,
Mais n'y mettez jamais les pieds !

Louis PROTAT,
Membre titulaire, Président.

LE CODE.

POT-POURRI.

Air : *Voilà comme tout s'arrange,*

Mes chers amis, c'est très flatteur,
Et cependant je le déplore,
Je dois, comme maint orateur,
Parler... de choses que j'ignore !
Cela peut être fort adroit ;
Mais moi, ce n'est pas ma méthode,
Et, n'ayant jamais fait mon droit,
Je serais presque dans mon droit
De n'avoir pas chanté *le Code.*

Air : *Bonjour, mon ami Vincent.*

Mais je dis : l'ami Protat
Connaît la jurisprudence,
J' vais d'un p'tit conseil... d'état
Lui réclamer l'assistance ;
Auprès d'un' cliente... il ne m' répond pas,
Alors chez Duplan je porte mes pas ;

Mais il brillait par son absence,
  Et j' fis, tout contrit,
  Ce mot... plein d'esprit :
  En fait *d' code à qui,*
  En fait *d' code a qui*
Vais-je demander quelque peu d'acquit !

AIR : *Contentons-nous d'une simple bouteille.*

Contentons-nous d' nos simples connaissances,
Puisqu'aujourd'hui d'autres me font défaut,
Avec le Code... on peut prendr' des *licences,*
Prenons-en donc, et retournons le mot !
Et comme enfin le sort me tarabuste,
Que mon sujet est pour moi d' l'arménien,
Vous voudrez bien, je pense, trouver juste
Qu' je n' dise rien... sur monsieur Justinien !

AIR : *On dit que je suis sans malice.*

C'est bien, mais je n'avance guère ;
Vraiment, c'est à s' mettre en colère,
A m'arracher les ch'veux en tas...
Si tout seuls ils ne tombaient pas !
Ça ne tient à rien, je le jure,
  Que je ne lâche... quelqu'injure ;
Mais je me retiens ; car faut-il
Être en chantant le Cod'... *civil !*

Air de l'*Anonyme*.

Je ne suis pas un premier prix d'école,
Et n'ai brillé dans aucun examen ;
Je ne connais ni Cujas, ni Barthole,
Et j'ai fort peu de grec et de latin ;
Mais, à vingt ans, riche en philosophie,
Sans rechercher le vent de la faveur,
Pour faire un peu le mien dans cette vie...
J'étudiai le Code du bonheur !

Air de *Fanchon*.

Le Français, variable
Autant qu'il est aimable,
Comme d'habits,
Change d'amis !
Et si de mainte belle
Il trompe le sensible cœur,
Il est toujours fidèle
Au Code de l'honneur !

Air : *Adieu, je vous fuis, bois charmants.*

C'est un abus des plus criants :
Plus d'un cocher fort peu sans gêne,
Sans respect pour bien des clients,
Les mène mal... et les malmène !

Quand le pourboire n'est pas gras,
Le petit speech qu'il leur adresse,
Assurément n'appartient pas
Au Code de la politesse !

Air du *Curé de Pomponne*.

Aux amoureux monter le coup
  Pour capter leur tendresse :
Paraître les aimer beaucoup...
  En les trompant sans cesse ;
    En train express,
    A peu d' chos' près,
  Croquer tout's leurs banknotes,
    Et sans regrets...
    Les lâcher après,
Voilà l' Cod' des cocottes !

Air de la romance de *Teniers*.

Pour convoler et payer quelques dettes,
Sans s'arrêter aux bonnes qualités,
Ne rechercher que des dots rondelettes
Avec parrains et protecteurs rentés ;
D'hériter vite afin d'avoir la chance,
Prendre un beau-père... orné d'un âge mûr,
Voilà, voilà, sans trop de médisance,
Pour le *présent*... le Code du *futur !*

Air de *Calpigi*.

Membres de ce joyeux chapitre,
Déjà connus à plus d'un titre,
Par l'esprit et par la raison,
Soutenez la vieille chanson !
Grands dignitaires de la joie,
Pour rester dans la bonne voie,
Lisez, relisez Désaugiers...
C'est le Code des chansonniers.

Air : *A trois pour un sou les Anglais.*

Fort heureusement je tiens l'dernier couplet
    D' ma bluett'... des moins amusantes ;
Pour l'homm' qui commit un semblable méfait
    N'ya pas d'circonstanc's atténuantes !
    Je l'dis, sans fair' le délicat ,
    Je mérit'rais qu'on m'appliquât
    Pour m'être montré si banal...
    Un article du Cod' pénal.

POINCLOUD,
Membre titulaire.

LE JUGE.

Air : *Jeanne, Jeannette et Jeanneton.*

Juger, dites-moi, n'est-ce pas
Une attribution divine ?...
Aussi, de ce droit plein d'appas
Le juge est-il fier, j'imagine!
A cheval sur sa dignité,
Il éclaire sa mine rose
De solennelle gravité :
Un tant soit peu, le juge pose...
Voilà, voilà le magistrat
Sous le bonnet et le rabat!

Pourtant, on le voit souriant,
Mais c'est en correctionnelle,
Lorsqu'il juge l'étudiant,
Pour des écarts... de pastourelle...
Il est très doux sur ce chemin,
Car il sait, par expérience,

Comme on apprend le droit romain
En cultivant... la contredanse !
Voilà, voilà le magistrat
Sous le bonnet et le rabat.

Devant lui le puissant seigneur
Courbe humblement sa tête altière ;
D'un mot, il peut ravir l'honneur,
Briser une fortune entière !
Mais son cœur, d'indulgence plein,
Des lois vient adoucir l'épreuve ;
C'est le soutien de l'orphelin,
C'est le protecteur de la veuve !
Voilà, voilà le magistrat
Sous le bonnet et le rabat.

Sans le bonnet et le rabat,
Le presque dieu redevient homme,
Et, tout comme un autre, il s'ébat,
N'étant pas capucin en somme !
L'amour a dans ses jolis bois
Un gibier si tentant, je jure
Qu'il doit braconner quelquefois
Aux domaines de la nature...
Voilà, voilà le magistrat
Sans le bonnet et le rabat !

A table, il est sur son terrain,
Sa galanterie est exquise ;
Il a de Brillat-Savarin
Et l'esprit et... la gourmandise!
Il boit, le petit doigt en l'air,
En les savourant goutte à goutte,
Vins de France et vins d'outre-mer,
Parfaits, pour le goût... et la goutte...
Voilà, voilà le magistrat
Sans le bonnet et le rabat !

Mais trève au ton plaisant! disons :
Juge! ton pouvoir redoutable
Met la foudre à nos horizons,
Ou nous rend le vent favorable :
Oh! de la céleste équité
Sois l'intègre et digne vicaire!
Tiens à la stricte égalité
Le puissant et le prolétaire,
Nous bénirons le magistrat
Sous le bonnet et le rabat !

Vilmay,
Membre titulaire.

LE TRIBUNAL.

AIR de la *Lettre à l'Étudiant* (NADAUD).

Lorsque le sort vient m'y contraindre,
Essayons d'être original :
En quelques vers je dois dépeindre
Ce qu'on appelle un *tribunal.*

L'huissier, le greffier, les gendarmes,
Les juges, l'avocat bêcheur,
Gens, que touchent fort peu nos larmes,
Se carrent là dans leur grandeur.

Voici la correctionnelle...
Vers ce lieu dirigeons nos pas.
Du public l'affluence est telle
Qu'on n'entendra rien des débats.

« Rangez-vous et faites silence!»
Hurle l'huissier, beau de courroux;
« Le tribunal entre en séance...
» Allons, messieurs, découvrez-vous! »

Le greffier sur la populace
Promène un regard calme et fier;
Puis chaque juge prend la place
Où l'on le vit dormir hier.

Le président fait une pause
En s'armant de certain papier,
Dit : —« Que l'on appelle la cause,
» Car nous en avons le dossier. »

L'huissier, d'une voix nazillarde,
Faisant l'important, le coquet,
Appelle Adèle, une gaillarde,
Qui plaide contre Arthur Cloquet.

C'est elle! chacun l'examine ;
Et le tribunal, transporté,
Admire sa taille divine,
Ses grands yeux pleins de volupté.

Le gendarme a dressé l'oreille,
Le juge adoucit ses regards,
Et le président, qui s'éveille,
L'interroge avec des égards.

« Vos noms, prénoms, mademoiselle?...
—Je n'ai pas connu mes parents,
Mais je réponds au nom d'Adèle,
Monsieur, depuis près de vingt ans.

—Vous savez que l'on vous reproche
D'avoir sciemment, sans façon,
Gratifié d'une taloche
Le plaignant, un charmant garçon.

—J'eus tort, sans doute, mais l'infâme
Ne dit pas que ce fut un jour
Où dans les bras d'une autre femme
Je le surpris à mon retour.

Il m'a promis le mariage
Et devait payer mon loyer...
Or, dans huit jours je déménage
Aux dépens de mon mobilier!

—Arthur, qu'avez-vous à répondre ?
Exclame alors le président.
—Que je ne veux plus me voir tondre
Et pense mon droit évident.

—Messieurs, si je prends la parole,
Dit l'avocat impérial,
C'est qu'ici commence mon rôle
De défenseur impartial,

Adèle m'est très sympatique,
Et vous l'absoudrez, je le sens.
Son innocence est authentique.
Condamnez Arthur aux dépens.

3

On se lève, l'on délibère...
Un des juges d'un air profond,
Dit : il me semble que l'affaire
Est vicieuse quant au fond.

Un autre, à la mine futée,
Réplique en se grattant le nez:
La belle doit être acquittée;
Un troisième dit : Pardonnez !

Songez qu'elle fut la maîtresse
Du demandeur Arthur Cloquet...
—Il abusa de sa simplesse
Comme un infâme paltoquet!

Rendons vite notre sentence :
C'est l'heure ou les dîners sont prêts!
Pour Adèle usons de clémence :
Arthur nous en paiera les frais.

Bref, enchantés de leur journée,
Ces messieurs se saluant tous,
Disent : la tâche est terminée,
Allons nous-en chacun chez nous.

Le sort à voulu m'y contraindre...
J'ai tâché d'être original.
Est-ce ainsi qu'il fallait dépeindre
Ce qu'on appelle un *tribunal*.

J. VERGERON, Membre titulaire.

LA BARRE.

Air de *la Légère*.

A la barre,
A la barre,
Sans pitié, sans crier gare,
A la barre,
A la barre,
Appelons
Tous les félons.

Demeuse (1) explore les rôles
Où sont inscrits vos méfaits,
Vous allez, enfin, mes drôles,
Expier vos noirs forfaits.
A la barre, etc.

Toi, d'abord, mortel indigne,
Dont l'impudique museau

(1) Procureur impérial.

Fait fi du jus de la vigne,
Et lui préfère de l'eau,
    A la barre, etc.

Ce gargotier qui tripote
Le service d'un festin,
Et met dans sa gibelotte
Le matou de son voisin,
    A la barre, etc.

Frelatant sa marchandise,
Ce vigneron clandestin
Nous vend du jus de cerise,
Au lieu de jus de raisin.
    A la barre, etc.

Chose à rimer nous assomme,
C'est une démangeaison,
Mais les vers de ce pauvre homme
N'ont ni rime ni raison.
    A la barre, etc.

Tu dis *indésalltérable*
Ton gosier, sire gascon,
Et tu roules sous la table,
Au quatrième flacon.
    A la barre, etc.

Dans l'estomac il entasse,
Ce gourmand irréfléchi,
Un fin dîner, qui repasse
Le détroit qu'il a franchi.
      A la barre, etc.

Et le sort qu'on dit bizarre,
Bizarre n'est point le mot,
Quand il me donne la barre,
Il est simplement idiot.
      A la barre, etc.

Je soumets ma chansonnette
Au jury, modestement...
Mais, pourtant, s'il la rejette
Je le traine... poliment,

            A la barre,
            A la barre,
Sans pitié, sans crier gare,
            A la barre,
            A la barre,
            Appelons
            Tous les félons.

                  DEBUIRE (du Buc),
              Membre correspondant.

LE ROLE.

Air : *Les Cancans*.

Être au rôle !... l'heureux cas !
Au dire des avocats...
Mais, je voudrais bien les voir
Se charger du mien ce soir.
    Nonobstant,
    C'est l'instant
D' m'en acquitter en chantant,
    Et je vais,
    Sans autr' biais
Sur le *rôl'* dir' tout c' que j' sais.

Pour être admis, au Palais,
A poursuivre son procès,
Il faut d'abord être inscrit
Sur *le rôle*, où l'on écrit
    Tous vos noms,
    Vos prénoms,

Conjointement aux surnoms,
    Et l'endroit
    Où le droit
Fera droit à votre droit.

Les folios du dito
Sont tous ornés au recto,
De la griffe du greffier,
Chargé de notifier,
    Chaque jour,
    A la Cour,
La cause dont vient le tour.
    De l'extrait
    D'un arrêt
Le rôle est gardien discret.

Le rôle justicier.
Effrayant calendrier !
Qui des gens d' loi fait l'orgueil,
Doit beaucoup moins plaire à l'œil
    Du plaideur,
    Tout songeur,
Dont il est l'introducteur
    Au parquet
    Peu coquet,
Qui lui flanque son paquet.

Se voir *au rôle* est le but
Du plaideur à son début,
Mais la remise qui vient,
Lui prouve que, s'il obtient
                Promptement
                Jugement,
C'est qu' changeant d' tempérament,
                L'avoué,
                Dévoué,
A son son succès s'est voué.

Le rôle voit à la fois,
Venant invoquer les lois,
La dévote, le boursier,
Le marquis, le tapissier,
                Le banquier
                Dont l'huissier
Dresse déjà le dossier,
                Et l'époux,
                Peu jaloux
De patronner les coucous.

On voit des noms, furieux
D'être accolés sous les yeux
Des stagiaires sans procès,
Quêtant un premier succès.
                Barbaroux,
                A Ledoux,

Ne s'adjoint pas sans courroux ;
  Mais Dupin,
  Pour Sapin
N' rêv' qu'un cercueil en sapin.

Ma voisine soutenait
Que mon chien, de son minet
Dérobant le déjeûné,
Méritait d'être interné...
  L'avocat
  De son chat,
Au rôle ouvrit le combat. .
  Mais le mien
  S' battit bien...
Et gagna sa caus' dè chien.

Ne devant point du palais
S'écarter dans les couplets,
Chantés sur les *mots donnés*,
Qui nous furent ordonnés,
  Mon rôle est
  Incomplet,
Mais, pouvais-je, s'il vous plaît
  Plus franch'ment,
  Et strict'ment,
Obéir au règlement ?

Charles Dubois de Gennes,
Membre associé.

LES PROCÈS.

Air de la *Catacoua*.

Sous quel astre, quelle comète,
Faut-il, bon Dieu! que je sois né,
Pour me voir, sur cette planète,
Aux querelles prédestiné?
A propos de tout objet bête,
Perdreaux, lapins, chats ou bassets,
    Vite un procès,
    Deux, trois procès,
Quatre procès, cinq procès, dix procès!...
Chaque soir nouvelle défaite,
Dieu vous préserve des procès!

J'ignore si, même au collège,
Thémis m'envoya du papier;
Mais j'eus, certes, le privilège
D'y recueillir maints coups de pied :
Mes cousins de mon patrimoine

Veulent bientôt s'ouvrir l'acccès,
        Vite un procès,
        Deux, trois procès,
Quatre procès, cinq procès, dix procès...
    Pour fleurir ainsi qu'un bon moine,
    Dieu vous préserve des procès.

Jeune encor, plein d'un vieux bourgogne,
J'avais empli certain vaisseau...
A ma fenêtre, sans vergogne,
Je prends la pose du Verseau :
J'atteins d'une ondée éphémère
Certain hydrophobe à l'excès,
        Vite un procès,
        Deux, trois procès,
Quatre procès, cinq procès, dix procès...
    C'était monsieur le Commissaire!
    Dieu vous préserve des procès!

J'écris sur le progrès scolaire,
La betterave et le coton,
Et le travail et le salaire;
« Êtes-vous timbré? me dit-on,
« Je réponds : va te faire sucre! »
—Ah! vous narguez l'impôt français!

Vite un procès,
Deux, trois procès,
Quatre procès, cinq procès, dix procès...
Et j'obtiens Mazas pour tout lucre !
Dieu vous préserve des procès !

Dans mon entre-sol, près d'Alice,
A l'amour j'offrais mon bouquet,
L'omnibus passe, et la police,
Gaîment d'en haut, nous reluquait :
Pendant qu'Alice me repousse,
Avec feu je me trémoussais,
Vite un procès,
Deux, trois procès,
Quatre procès, cinq procès, dix procès...

. . . .

Dieu vous préserve des procès !

J'entre chez la vierge Lucile,
Hélas ! j'ai dû m'en repentir !
Pénétrer me fut bien facile,
Mais que de mal pour en sortir !
Puis, je chasse à la femme honnête,
Et grâce à mes galants succès,
Vite un procès,
Deux, trois procès,
Quatre procès, cinq procès, dix procès...
Ma bourse, hélas ! est bientôt nette.
Dieu vous préserve des procès.

Prends une femme légitime,
Me dis-je, après tant d'horions,
J'épouse, et bientôt ma Fafime,
Convole avec des histrions !
A la première réprimande,
Chère femme, tu me rossais !
    Vite un procès,
        Deux, trois procès,
Quatre procès, cinq procès, dix procès....
    Je sais bien qui paiera l'amende,
    Dieu vous préserve des procès.

Mon vieux procureur, qui ricane,
Boit le plus clair de mon tonneau ;
Eh bien ! affrontons la chicane,
Mais ne blaguons plus Chicaneau,
Perrin Dandin, à moi ta broche,
Ton sac, tes dossiers, tes placets.
    Vite un procès,
        Deux, trois procès,
Quatre procès, cinq procès, dix procès....
    Je suis enfant de la Basoche,
    Je veux m'engraisser de procès !

E. VIGNON,
·Membre titulaire.

LA SAISIE.

Air : *Jeannot et Colin.*

Habitants de cette chaumière,
Ouvrez-vite, au nom de la loi !
—Que pouvez-vous saisir chez moi ?
Ma femme est morte de misère,
Mes enfants demandent du pain !
Ah ! messieurs, revenez demain.

Demain peut-être que l'infâme,
Qui nous poursuit de son courroux,
Aura plus de pitié pour nous,
Nos pleurs attendriront son âme !
Il nous faudrait tendre la main,
Ah ! messieurs, revenez demain.

Je suis vieux, mais j'ai du courage,
Si je dois six mois de loyer,

Je suis tout prêt à travailler :
Qu'il me procure de l'ouvrage,
Je lui consacrerai mon gain !
Ah ! messieurs, revenez demain.

Depuis longtemps la huche est vide,
Quoi ! vous saisissez nos haillons !...
Où voulez-vous que nous allions ?
Que cherche donc votre œil avide ?
Aujourd'hui montrez-vous humain,
Vous saisirez chez nous demain.

Mes enfants ont clos la paupière,
Leurs petits membres sont glacés :
Deux jours seront bientôt passés,
Ils m'attendent près de leur mère !
Demain ramenez vos recors,
Et vous pourrez saisir trois morts.

H. Drake
Membre associé.

L'APPEL.

Air du vaudeville de l'*Etude*.

Que pour un banquet l'on m'invite
Jamais je ne suis en retard,
L'espoir du champagne m'excite,
Le feu scintille en mon regard ;
Offrez-moi donc la circonstance
De fêter l'ami tel ou tel,
S'il s'agit de faire bombance,
Toujours je réponds à l'appel.

Lorsque l'on a la cinquantaine
Et barbe et cheveux grisonnants,
L'on est heureux quand une aubaine
Vous donne un tendron de vingt ans.
Jeunes gens, le fait est notoire,
L'ardeur est un bienfait du ciel,
A ceux qui ne peuvent le croire
Aussitôt j'interjette appel.

Devant la suprême justice
Le coupable est un innocent,
C'est une erreur, une injustice,
Dit l'avocat qui le défend :
Viol, meurtre, vol, adultère,
L'accusé n'a rien fait de tel :
Aurait-il massacré son père!...
Qu'il aurait recours à l'appel.

Le plaisir est une folie
Qui cause des instants heureux ,
Et, pour passer gaîment la vie,
Livrons-nous à nos chants joyeux,
Au diable les humeurs moroses
Qui craignent les feux éternels.
Du vin, des œillets et des roses
Nous aimons les riants appels.

Ici, comme à l'Académie,
L'esprit est sujet à l'erreur,
Plus d'une œuvre est ensevelie
Sous la rate d'un froid censeur :
Un refus est toujours pénible,
Sans vouloir être un immortel,
Quand vibre la corde sensible,
D'un refus l'on doit faire appel.

Lorsque la trompette divine
Sonnera le dernier moment,
Il nous faudra bien, j'imagine,
Se conformer au jugement :
Thémis, déposant sa balance,
Pour obéir à ce rappel,
Amour, procès, plaisir, bombance,
Vous ne pourrez plus faire appel.

VASSEUR,
Membre titulaire.

L'AVOCAT.

Air des *Comédiens*.

Bien qu'éloigné du Palais de Justice,
Et que ce soit un sujet délicat,
Je viens, messieurs, dans cette faible esquisse,
Tant bien que mal, vous peindre l'avocat.

L'un est un sage au bienveillant contrôle,
Un esprit juste et pacificateur;
L'autre, au contraire, est un fou dont le rôle
Est, malgré tout, d'agir en éreinteur.

Payez d'abord! nous dit tout saltimbanque .
Ainsi procède, en mainte occasion,
Tel avocat qui, très fort sur la banque,
Sent la valeur d'une *provision*.

Vrai chicannier, la cause belle ou laide,
C'est son affaire... il la prend sans surseoir.
Et voilà comme en autre Esope il plaide
Le matin pour — et puis contre le soir.

Riche un beau jour, notre avocat sangsue
Brave chez lui l'hiver avec raison :
Grâce à son or, qui clôt plus d'une issue,
Le vent jamais n'entre dans sa maison.

Mais il est temps que notre œil se repose
Sur un tableau bien plus intéressant...
Celui-là, c'est, quand mon héros s'impose,
Pour but sacré, de sauver l'innocent.

Noble, éloquent, il émeut, il éclaire.
Pour lui qu'importe un vulgaire profit :
Au fond du cœur il trouve son salaire.
Le droit triomphe et cela lui suffit.

Bien qu'éloigné du Palais de Justice,
Et que ce soit un sujet délicat,
Je vais, messieurs, poursuivant cette esquisse,
Tant bien que mal, vous peindre l'avocat.

Tandis que l'un triomphe dans l'arène
Où constamment brillent Favre et Berryer,
L'autre y succombe, et quelque soin qu'il prenne,
Ne réussit qu'à nous faire bâiller.

Pauvre légiste, on en rit, on en cause. .
Et tout client, fût-il le moins expert,
Se garderait de lui livrer sa cause,
Car n'importe où — la meilleure — il la perd.

Esprit galant, avocat de Cythère,
Cet autre a soin, éveillant la pitié,
D'orner de fleurs une femme adultère,
Qui, belle encore, est absoute à moitié.

A l'audience entre avocats il semble
Qu'ils vont bientôt en arriver aux coups...
N'ayez pas peur !... Dans un instant ensemble
Ils s'en iront bras dessus, bras dessous.

Le financier tranche de l'Excellence ;
Le militaire a le ton dégagé ;
Et l'avocat, s'adjugeant la balance,
L'emporte et dit : *Cedant arma togæ.*

Bref, avouons, car il serait futile
De prolonger cette charge à l'excès,
Que l'avocat est toujours très utile.....
Utile aux gens qui gagnent leurs procès.

Bien qu'éloigné du Palais de Justice,
Et que ce soit un sujet délicat,
J'ai dû, messieurs, dans cette faible esquisse,
Tant bien que mal, vous peindre l'avocat.

D. Thiébaux,
Membre titulaire

LA SERVIETTE.

Air : *Et voilà comme tout s'arrange.*

Thémis a changé ses vieux us
Ainsi que ses modes baroques,
Au lieu d'affreux bonnets pointus
Nos avocats portent des toques ;
La robe qui couvre leur frac
Est d'une coupe assez coquette,
Leurs dossiers ne sont plus en vrac,
Ils ont troqué l'ignoble sac
Contre une élégante serviette.

Cette serviette est d'un tissu
Fin, brillant et de couleur noire,
Elle est d'un usage reçu,
Elle est d'uniforme au prétoire ;
Pour éviter appels..., délais,
Pour être enfin dans son assiette,
Nul de nos légistes jamais
N'ouvrirait la bouche... au Palais,
Sans se munir de sa serviette !

Bien que les aigles du barreau
Aient, ainsi que tout nous l'atteste,
La plus forte part du gâteau,
Les moineaux francs, la part modeste,
Ces derniers, sans nulle fierté,
Tout en grignotant une miette,
Attendent la célébrité,
Et toujours, par civilité,
Ont soin d'apporter leur serviette.

Mais la buvette est un endroit
Propice pour une revanche,
Où messieurs nos docteurs en droit
Peuvent se donner carte blanche ;
Là, tous ces hommes sérieux,
En s'affranchissant de la diète,
Savent apprécier au mieux
Pâté de foie et bordeaux vieux....
Et la truffe.... sous la serviette !

« Pour ce procès qu'un vieil époux
» Me fait, pour une bagatelle,
» Monsieur, je m'abandonne à vous. »
La plaideuse était jeune et belle :
Jeune aussi, l'avocat vaincu,
Lui dit : « Cessez d'être inquiète,
» Il paira les frais... c'est connu...

» Monsieur votre époux est... cossu...
» Son affaire est... dans ma serviette! »

Bien que très grave par état,
Bien qu'affectant l'air impassible,
Tel homme, pour être avocat,
N'en a pas moins un cœur sensible :
Et si ce cœur cherche à toucher
Celui d'une tendre poulette,
Gardons-nous de l'effaroucher,
Quand parfois nous voyons cacher...
Certain poulet dans la serviette !

Modernes Solons, cependant,
Consultez votre conscience,
Pour un coupable repentant
Ayez des trésors d'éloquence ;
Pour le criminel endurci
Que votre voix reste muette,
Il n'a ni remords, ni souci,
Et le gain du procès ici
Pourrait salir votre serviette !

Bravant les lois du décorum,
Assez fréquemment l'assistance
Décerne aux élus du Forum
Ou le blâme ou la récompense,

Ce public narquois et profond
A la judiciaire nette,
Des choses il va droit au fond,
Et, dans aucun cas, ne confond
Le torchon avec la serviette !

Si j'ai rimé tant bien que mal
Le sujet, qui fut mon partage,
Qu'au moins à votre tribunal
D'un bon vouloir il soit le gage !
Je fus long... peut-être indiscret...
Mais comme de cette bluette
J'achève le dernier couplet,
Et que c'est la fin du banquet,
Je vais replier ma serviette !

A. SALIN,
Membre honoraire.

LA PLAIDEUSE.

Air de *Pilati*.

Chanter du Palais de Justice
Le personnel, l'habitué,
Me semblant un sujet propice
Aux vœux d'un ex-clerc d'avoué,
Sur les travers de la plaideuse
Je comptai m'escrimer gaîment ;
Mais, grâce à ma muse frondeuse,
Je n'aurai pas cet agrément.

Cherchant alors, parmi les autres,
Un sujet plus intéressant,
De Thémis je prends les apôtres,
Et vais chanter leur président...
Aussitôt je me mets à l'œuvre,
Pour vous lire mon compliment...
Encore une fausse manœuvre !
Je n'aurai pas cet agrément.

Puisqu'il le faut, sachons descendre ;
Sur les huissiers portant mon choix,
En frémissant je vais m'étendre
Sur leurs trop sinistres exploits :
Des rigueurs de leur ministère
Je vais parler abondamment ;
La gaîté m'oblige à me taire,
Je n'aurai pas cet agrément.

En maugréant, je me résigne,
Et pour terminer ces débats,
Je veux, d'une façon fort digne,
Pérorer sur les avocats...
D'un très aimable camarade,
Possesseur de ce mot charmant,
Craignant une juste algarade,
Je n'aurai pas cet agrément.

Au diable la magistrature,
Me dis-je alors, et sans tarder,
Me jetant dans la procédure,
Je viens vous apprendre à plaider :
Expert en cet affreux grimoire,
Je dois en parler savamment,
Mais hélas ! faute de mémoire,
Je n'aurai pas cet agrément.

Je repasse en vain dans ma tête,
Commandements, sommations,
Requête, enquête, contre-enquête,
Incidents, assignations...
Du possessoire et pétitoire,
Je m'arrête à l'ajournement,
Espérant charmer l'auditoire,
Je n'aurai pas cet agrément.

Des référés je vous fais grâce,
Je passe sur mes qualités,
Et ne veux pas chercher de place,
Pour résumer mes nullités...
Au moment de citer le reste,
Je vois à certain mouvement,
Que mon ancien patron proteste,
Je n'aurai pas cet agrément.

En terminant cette œuvre informe,
Je m'aperçois, avec regret,
Qu'au fond, aussi bien qu'en la forme,
Je n'ai pas traité mon sujet.
Bien qu'elle soit fort incomplète,
D'un signe d'encouragement
Dotez ma pauvre chansonnette,
J'aurais alors de l'agrément.

Stephen DUPLAN,
Membre titulaire.

LES AVOUÉS.

Air : *Tout le long, le long de la rivière.*

Les procureurs du temps jadis
N'ont pas gagné le paradis ;
Ils ont agi de telle sorte,
Que Saint-Pierre a fermé sa porte ;
Assurément, ceux d'aujourd'hui
Ne prennent pas le bien d'autrui,
Mais pour doubler et tripler leur mémoire,
Ils s'entendent tous comme larrons en foire,
S'entendent comme larrons en foire !

Ces messieurs ne sont pas plaisants,
Mais ils sont parfois amusants ;
S'ils plaident pour un locataire,
Contre un gueux de propriétaire,
Ils démontrent que celui-ci
Doit être pendu sans merci...
Pour vous noircir, dans leur affreux grimoire,
Ils s'entendent tous, etc.

Il en est de jeunes, de vieux,
Mais tous sont noirs à qui mieux-mieux :
D'après une ancienne coutume,
La robe noire est leur costume,
Il n'est de blanc que le rabat...
Et sous leur toque d'un noir mat,
Auraient-ils donc l'âme toute aussi noire?
  Ils s'entendent tous, etc.

Souvent, sur un point contesté,
Leur langage a de l'âpreté ;
Mais vient-il cliente jolie?
Ils ont une forme polie,
On prétend même que parfois
Ils la lorgnent en tapinois...
Leur argument pour elle est péremptoire,
  Ils s'entendent tous, etc.

C'est pour vous séparer de corps
Qu'ils se montrent toujours plus forts ;
En faveur de femme coquette
Ils présentent une requête,
Qui vous prouve par A plus B
Que la mari s'est embourbé...
A la beauté pour donner la victoire,
  Ils s'entendent tous, etc.

Lorsqu'ils gagnent un bon procès,
Ils se flattent de ce succès ;
Ils ont bien dirigé l'affaire,
On leur doit un double honoraire...
S'ils succombent dans le débat,
C'est la faute de l'avocat...
Pour s'excuser leur adresse est notoire,
Ils s'entendent tous, etc.

Enfin, ce sont de fins renards,
J'en connais même d'égrillards,
D'autres encore sont poètes,
Et composent des chansonnettes ;
L'un deux — et ce n'est pas nouveau,—
Préside fort bien le Caveau !...
Pour s'amuser en dehors du prétoire,
Ils s'entendent tous, comme larrons en foire,
S'entendent comme larrons en foire !

J. LAGARDE.
Membre honoraire.

LE DOSSIER.

Air du *Bouton d'or*.

L'heure enfin du concours sonne,
    Fidèle au devoir,
Gaîment critique et chansonne,
    Fils du gai savoir,
Si le Caveau qui t'écoute
    Est ton créancier,
Ne lui fais pas banqueroute,
    Songe à ton dossier.

Je devrais, Dieu me pardonne,
    Être couronné,
Vu le mal que je me donne
    Pour un mot donné.
Celui sur lequel je brode,
    Si j'étais huissier,
Me semblerait plus commode,
    Car j'ai le dossier.

L'accusé, devant son juge,
　　Se dit innocent,
Mais hélas ! ce subterfuge,
　　Une fois sur cent,
Réussit, dame police,
　　Bien mieux qu'un sorcier,
Sait éclairer la justice
　　Avec un dossier.

Employé rempli de zèle,
　　Veux-tu parvenir?
Dans la main d'une donzelle
　　Mets ton avenir.
Ne sois pas d'humeur jalouse,
　　Comme un épicier ;
Les beaux yeux de ton épouse,
　　Voilà ton dossier.

Dans sa mansarde, Thérèse
　　Offre aux amoureux
Un tabouret, jadis chaise,
　　Pour s'asseoir à deux.
Quand son cœur bat et tressaille,
　　L'amour, tapissier,
D'un bras autour d'une taille
　　Sait faire un dossier.

Curieux par caractère,
    Sans être indiscret,
Tu voudrais, bon prolétaire,
    Savoir le secret
Du luxe insolent, qu'étale
    Cet ancien boursier,
A la chambre syndicale
    Va voir son dossier.

Quoi qu'en dise maint sophiste,
    Reste vertueux,
Dieu seul, par qui tout existe,
    Peut te rendre heureux.
Homme d'art ou de science,
    Rustre ou financier,
Des mortels la conscience
    Est le vrai dossier.

Selon la route suivie,
    L'âme assurément
Doit trouver, dans l'autre vie,
    Joie ou châtiment!
Un jour, puissé-je sans crainte
    Du grand justicier,
Frapper à la porte sainte,
    Grâce à mon dossier.

Jules RUEL,
Membre associé.

LA ROBE.

Air de la *Légère.*

C'est la robe
Qui domine sur ce globe,
Fourbe ou probe,
De la robe
Nous subissons
Les leçons.

Le sort m'a gratifié
D'un sujet qui m'asticote,
Autrefois par une cotte
Mon cœur fut sacrifié ;
Mais la robe magistrale
M'inspire des sentiments,
Appuyés sur la morale,
De... tous les gouvernements.
C'est la robe, etc.

Fier de son titre nouveau,
Le trop fougueux stagiaire

Fait tapage au vestiaire,
Pour s'annoncer au barreau ;
De son rabat il s'occupe,
Et, dans un cas solennel,
Il pense plus à sa jupe,
Qu'à son pauvre criminel.
        C'est la robe, etc.

J'admire ces orateurs,
Drapés dans leur *robe* noire,
Qui d'un nombreux auditoire
Savent captiver les cœurs ;
J'honore la robe rouge,
Conservatrice des lois,
Dont l'œil attentif ne bouge,
Qu'à l'aspect d'un frais minois.
        C'est la robe, etc.

Malgré leur fécondité,
Les artes, les vers, les mites
Au Palais trouvent leurs gîtes,
En hiver comme en été ;
Qui bat les robes, les toques
De maints avocats pédants,
Découvre, sans équivoques,
Beaucoup de bêtes dedans.
        C'est la robe, etc.

Au milieu des champs, des bois,
Dans un obscur presbytère,
Se cache une robe austère,
Déchirée en mille endroits;
Tandis que pour une antienne
Nos prélats se couvrent d'or!
Sainte charité chrétienne,
Que fais-tu de ton trésor?
    C'est la robe, etc.

De Mac-Adam le béton
Me plairait pendant l'orage!
Mais les femmes ont la rage
De porter un pantalon;
Ce pantalon me taquine;
La robe, au triple volant,
Sur une jambe bien fine
N'eut jamais d'équivalent.
    C'est la robe, etc.

Dans l'asile des douleurs,
Dans les cachots, dans l'église
L'humble et bonne robe grise
Tarit la source des pleurs;
La robe de l'hymenée,
Chaste et candide à vingt ans,
Peut de notre destinée
Troubler les plus beaux instants.
    C'est la robe, etc.

6

Qu'il est scandaleux de voir
Ces longs plis à la romaine,
Que la cocotte promène
Sur le turf et le trottoir;
Veut-elle la sotte grue,
Après le temps des amours,
Savoir balayer la rue,
Comme l'auteur de ses jours?
C'est la robe, etc.

Sanctuaire des penseurs,
Célèbre et docte Sorbonne,
Ton immense esprit rayonne
Au front de tels professeurs;
La robe philosophique,
Eclairant l'humanité
Par le progrès pacifique,
Nous rendra la liberté.

C'est la robe,
Qui domine sur ce globe :
Fourbe ou probe,
De la robe
Nous subissons
Les leçons.

J. Brot,
Membre titulaire.

LE VESTIAIRE.

Air des *Comédiens*.

A ce banquet quand chacun rivalise
D'entrain, de verve, et chante sans façon,
J'en suis encore à mettre ma chemise,
Au *vestiaire*, à ma pauvre chanson.

Au *vestiaire* en cherchant un costume
Qui par vous tous ne soit pas réprouvé,
Pour tout potage, attrapant un gros rhume,
Ma chanson peste et n'en a pas trouvé,

Mais, puisqu'il faut qu'enfin j'entre en matière,
Et que j'amène au banquet ma chanson,
Je vais l'aller chercher au *vestiaire*
Où la pudique a mis son caleçon.

Avant d'entrer dans l'endroit où s'habillent
Les avocats qui vont au tribunal,
Voyons—pendant que ces messieurs babillent—
Du *vestiaire* un aspect général.

Bien que d'abord cela puisse paraître
Un paradoxe, eh bien! en vérité,
Le *vestiaire* est le lieu qui fait naître
Crainte ou respect de toute autorité.

Certes l'habit, s'il ne fait pas le moine,
—Dit le proverbe,—il le pare fort bien;
Pour le vulgaire, un soldat, un chanoine,
Un magistrat sans lui ne seraient rien.

Si l'on voyait sans robe, à son caprice,
Le magistrat juger en paletot,
Pourrait-on croire encore à la justice?
Non, son prestige inclinerait bientôt.

Le militaire, au cliquetis du sabre,
Panache au vent, talon éperonné,
Sur son cheval qui piaffe et se cabre,
Paraît superbe au badaud entraîné.

Nos députés pourraient-ils, à la Chambre,
Voter les lois s'ils n'étaient galonnés,
Et du Sénat comprendrait-on un membre
Sans une épée aux flancs damasquinés.

Et que ce soit au palais, à l'église,
Pour ne pas être un homme déplacé,
Il faut porter l'officielle mise;
Au *vestiaire* il faut avoir passé.

Mais de bêtise admirez bien la dose !
C'est qu'un costume, en le portant sur soi,
Au costumé souvent même en impose :
Il croit avoir les talents de l'emploi.

Il faut toujours, grands enfants que nous sommes,
Par le clinquant que nos yeux soient frappés ;
Nous ne voyons qu'un seul côté des hommes,
C'est le dehors, et nous sommes dupés.

Ce préjugé faut-il donc le combattre?
Acceptons-le dans sa stupidité ;
Le monde fait, — bien plus que le théâtre, —
Du *vestiaire* une nécessité.

Vous connaissez, sans que je vous l'indique,
Tel personnage, en un jour, qu'on peut voir,
Dès le matin endosser la tunique,
Robe à midi, frac élégant le soir.

Mais du Palais allons au *vestiaire* :
Et tout d'abord, en entrant, nous voyons
Madame Bosc, l'auguste costumière,
Trôner en reine autour de ses rayons.

La voyez-vous, d'une main prévenante,
Recravater un illustre client,
Comme elle prend alors des airs d'infante,
La bouche en cœur, le regard souriant.

Et puis entrons, maintenant, chez Fontaine. (1).
Il habilla deux générations :
La salle ici comme un musée est pleine,
Et d'oripeaux quelles collections !

Il fait beau voir un jeune stagiaire,
Lorsqu'il revet la robe d'avocat,
Avec quels soins il met, au *vestiaire*,
Sa toque au front, à son cou son rabat.

Mais l'avocat qu'un plus long exercice
Par cela même a rendu plus bavard,
Passe ses bras, sans aucun artifice,
Dans chaque manche et se coiffe sans art.

Quand de plaider un avocat se grise,
Se démenant comme un vrai possédé,
Au *vestiaire* il change de chemise:
Grincheux H..... (2), c'est là ton procédé.

Que je voudrais faire sortir des toques,
Comme muscade aux mains d'un baladin,
Tous les lazzis, tous les propos baroques,
Qui du Palais ont pris leur vol badin.

(1) Bosc et Fontaine, costumiers du Palais.
(2) M° H......, avocat célèbre, bien connu par son
caractère difficile et un certain tic *sui generis*.

Avouons-le, non sans quelque amertume,
A tous les yeux, pour cacher leur laideur,
Tandis qu'il faut aux hommes un costume,
Sans lui le sexe est bien plus enchanteur.

Lorsque Vénus sortit du sein de l'onde,
Au *vestiaire* elle n'eut pas recours,
Et, secouant sa chevelure blonde,
Elle s'en fit ses uniques atours.

Il est heureux pour nous que la coutume,
Et la morale en tricorne, en briquet,
N'exigent pas que ce soit le costume
Que nous dussions porter à ce banquet.

Mais je termine, et sur le *vestiaire*
Si j'ai chanté trop longuement, bélas !
Si je n'ai pu sur ce sujet me taire,
Reportez-en la faute aux avocats.

A VACHER,
Membre associé.

LA TOQUE.

Air du vaudeville du *Charlatanisme*.

Nous faire chanter le Palais
Est vraiment une étrange idée;
Thémis réprime les couplets,
Autant vaut chanter Asmodée !
Au Palais tout est sérieux,
A la gaîté rien ne provoque :
On voit des plaideurs soucieux,
Des magistrats aux blancs cheveux,
Portant au front la noire toque.

Quand parfois un juge galant
Chez quelque plaideuse s'égare,
Son langage devient brûlant,
De doux mots il n'est pas avare :
Dans les délicieux moments
D'une tendresse réciproque
Il reçoit de tendres serments,

Soudain, dans des ébats charmants,
Il perd et son cœur et sa toque.

Après les solennels débats
D'une audience bien complète,
On voit souvent les avocats
Se délasser à la buvette :
En sablant les vins des bons crus,
Ils laissent parfois leur défroque,
Puis, en disciples de Bacchus,
Dans la salle des Pas-Perdus
Sur l'oreille ils portent leur toque.

En prêtant à rire aux railleurs
Toujours enclins à la malice,
Cette coiffure est vue ailleurs
Qu'à notre Palais de Justice :
Une dame dans son château,
Une femme dans sa bicoque,
S'amourachant d'un jouvenceau,
Pour rendre leur mari plus beau
Le coiffent d'une étrange toque.

Nous voyons, sur les boulevards,
En *toquets* tout le demi monde :

Ces dames livrent aux regards
Une mise peu pudibonde.
Leurs contours lascifs et busqués,
Dont plus d'un promeneur se choque,
Rendent fous nos gandins musqués;
Dans leur extase ils sont toqués
De ces déesses à la toque.

Le sort pour ce soir m'a prescrit
Des couplets sur la rime en *oque*;
Je crois avoir assez écrit
Sur ce thème ingrat et baroque;
Je voulais faire de l'effet,
Mais ma muse bat la breloque;
Pour traiter un pareil sujet
Il faut avoir plus de toupet,
Que n'en peut contenir ma toque.

O. Le Vaillant,
Membre correspondant.

LA SALLE DES PAS PERDUS.

(POT POURRI).

Air de *Madame Favard*.

J'eus un procès—dans notre pauvre monde,
Qui n'a pas eu, pour le moins, un procès—
Sur mon bon droit mon avocat se fonde,
Et, tout d'abord, me répond du succès :
Je dus y croire, on croit ce qu'on espère,
Mais les succès sont longtemps attendus,
Et que de pas, de pas perdus, à faire
    Dans la salle des Pas-Perdus.

Air du *Piège*.

  Je vais d'abord décrire à-fond
L'antique salle, où le sort me ramène.
Ah! vous tremblez que ce ne soit trop long,
    Tant pis, vous subirez ma peine.

Nos plaidoyers doivent être entendus,
Sur le Palais nous allons faire un livre,
Et vous perdrez salle des Pas-Perdus
   Un temps précieux à me suivre.

AIR : *Un jour Lucas trouva Thémire.*

De la grande cour où devisent
Huissiers, plaideurs, portiers, valets,
Trente-sept marches nous conduisent
Au vestibule du Palais.
Tout d'abord il faut prendre à droite
Un long couloir de forme étroite :
Au fin fond de ce corridor,
Vous grimpez six marches encor,
Six et trente-sept, à mon compte,
Quarante-trois, oui, c'est cela ;
Quarante-trois marches qu'on monte
Avant de dire : m'y voilà !

AIR : *Du haut en bas.*

   Du haut en bas,
Et du bas en haut quelle salle !
   Du haut en bas,
Du bas en haut, quel galetas !
Certainement c'est colossale,
Mais que c'est vilain, que c'est sale
   Du haut en bas !

Air des *Fraises*.

L'architecte, sachez-le,
  Fut un nommé Labrosse,
Mais j'ai beau regarder, je
Ne trouve plus trace de
  La brosse.

Air : *Tout le long, le long de la rivière* :.

Dans le fond, à droite, je lis :
« Cinquième chambre », je poursuis,
Un escalier de la cinquième
Me conduit à la quatrième,
Et je relis, sous les degrés,
  « Audience des référés ».
Pour s'y trouver, il faut que l'on circule
Tout le long, le long, le long d'un vestibule,
Le long d'un très long vestibule.

Air de la *Petite poste de Paris*.

Que de papiers d'encre couverts,
Lisons : « Tableau des petits clercs.
Sur cinquante papiers je vois
Cinquante demandes d'emplois :
Et je me crois soudainement,
Dans un bureau de placement.

7

Air de la *Robe et des boîtes*.

Mais au-dessus de la première chambre,
　　Une horloge vient de tinter...
Sont-ce les pas perdus dans l'antichambre
　　Qu'elle a mission de compter?
A chaque instant, elle doit sonner l'heure
　　D'une victoire ou d'un arrêt :
Dans cette salle on marche, on rit, on pleure,
　　En regardant l'heure qu'il est,
Fatale horloge! au malheureux qui pleure
　　Pourquoi dire quelle heure il est !

Air : *Ton humeur est Catherine.*

Plus loin, ouverte ou fermée,
La porte que nous voyons,
Soutient une renommée
Assise entre deux lions.
Cette fière sentinelle
Veille, par précaution,
Sur la cour que l'on appelle
　　De cassation.

Air : *Tout ça passe.*

Mais j'arrive à l'autre bout
Devant un grand mur de planches,

Il est tapissé partout,
Tapissé d'affiches blanches,
De mainte annonce timbrée,
Nous proposant mille achats,
Une porte est entourée...
    C'est l'entrée
De messieurs les magistrats.

   Air le *Petit mot pour rire.*

De maisons, terrains annoncés,
Oui, tous ces murs sont tapissés,
  Mais surtout ce que j'aime;
C'est que là, dans ce coin obscur,
Les magistrats, le long du mur,
  Sont tapissés de même.

  Air : *Voyage à présent qui voudra.*

Dieu que de portes variées...
Dans cette salle, à chaque pas,
Porte du greffe des criées,
Des avoués, des magistrats,
  Porte des audiences,
Portes... d'autres nuances,
    Sans désignation
    D'inscription.

De toutes parts, de toutes sortes
Portes en bas, portes en l'air...
    Été comme hiver,
    Cette salle à l'air
D'avoir, pour celui qui s'y perd,
      Cent portes,
Comme Thèbe et l'enfer.

Air de la *Colonne*.

Salut monument gigantesque!
Où **Malesherbe**, un bras en l'air,
La bouche ouverte, semble presque
Parler encor, d'un ton si fier,
Son beau langage, et si noble et si clair :
Oui, même en marbre, il s'évertue
A continuer son état...
Ah! qu'on est fier d'être avocat,
Quand on regarde sa statue!

RÉCITATIF

(à volonté).

Mais au-dessous je lis :
Strenue semper fidelis
Regi suo,
In solio
Veritatem, Præsidium
In carcere, attulit.

AIR : *Madame ne mange pas, elle dévore.*

Pour quiconque m'écoute
En sachant le latin,
Ces quelques mots, sans doute,
Sont d'un effet certain.
Mais moi, qui ne peux apprendre
Que le français, à peu près,
Je les admire aussi, mais
Sans les comprendre.

AIR d'*Aristippe.*

Un bas relief, aux pieds de la statue,
Montre Louis seize, ô douleur !
Le roi soumis à l'arrêt qui le tue,
Plein de courage, avec calme et douceur,
Semble écouter son noble défenseur.
De Malesberbe honorant la mémoire,
Que n'a-t-on mis au pied de son autel,
Au lieu du précédent grimoire,
Fils de saint Louis montez au ciel!

AIR : *Sauter par la croisée.*

Maintenant je dois et je veux
Vous apprendre, mes camarades,

Que la salle est coupée en deux
Par sept magnifiques arcades:
J'ai tout compté, sans redouter
De m'exposer à vos risées,
Pourtant je dois encor compter
Le nombre des croisées.

Air : *Pégase est un cheval qui porte.*

D'un côté je vois six fenêtres,
Et l'autre dans l'ombre est placé :
Mais le plafond, d'au moins cent mètres,
Comme une écumoire est percé :
Et le plaideur, encor novice,
Qui venant là, c'est assez neuf,
Se croit sous l'œil de la justice,
N'est que sous quatorze œils de bœuf.

Air : *Vive la lithographie.*

Après avoir fait connaître
La salle ou nous nous trouvons,
Il faut observer peut-être
Les gens que nous y voyons.

Tout d'abord vous admirez,
Très modestement parés,
Quatre messieurs assortis,
Dans quatre niches blottis.

Je ne sais s'ils s'enrichissent ;
Mais ces messieurs, qui toujours
Dans le sérail se nourrissent,
En connaissent les détours.

Vous n'avez qu'à leur parler,
Partout vous pourrez aller,
Ils écriront vos placets,
Et jugeront vos procès.

Mais laissons-là ces quatre hommes,
Et suivons les promeneurs,
De tous côtés nous ne sommes
Entourés que de plaideurs.

En robes, toques, rabats
Nous voyons leurs avocats
Les écouter en pensant,
Ecoutons-les en passant.

Au sien j'entends une dame
Dire : *Quand il m'épousa,*
La première nuit l'infâme
A rêvé de Thérésa.

De cette dame à peu près
Je devine le procès :
Mais ce monsieur qui bondit,
Vite sachons ce qu'il dit :

Il faut que, de mon affaire
Le tribunal convaincu,
Demain, à toute la terre,
Prouve que je suis c...

De tous les côtés, j'entends :
Héritage, guet-apens,
Trahison, mur mitoyen,
Serin, perroquet, chat, chien.

Et les avocats constatent
Que les mortels, généreux
Ne se disputent, se battent
Que par amitié pour eux.

Mais là-bas bousculant tout,
Et se faufilant partout,
Quel est, d'un air effaré,
Ce petit homme affairé ?

C'est notre plus gai trouvère,
Mais sérieux, par état,
Au palais il est sévère,
Bref! c'est notre ami *Protat*.

D'un volumineux dossier
Il semble avoir le dos scié,
Et vient, entre deux procès,
De composer trois couplets.

Car chez Thémis, qui l'agace,
Ce loustic des plus roués
Prend souvent pour le Parnasse
La chambre des avoués.

Enfin, là sont réunis
Des gens de tous les pays,
Venus par nécessité,
Ou par curiosité.

Brefl on y cotoie un nombre
Infini d'individus,
Car tout l'univers encombre
La salle des Pas–Perdus.

AIR : *Bonsoir la Compagnie.*

Ne compterons-nous pas
Le nombre de pas
Qu'ont à faire
Les flâneurs assidus
De la salle des Pas-Perdus!
Je les comptai jadis,
En long, quatre-vingt-dix,
Quarante-deux en large,
Ce n'est point une charge,
J'ai perdu, peu content,
Ma cause en les comptant,

Air : *Cocu mon père.*

Oui, j'ai perdu ma cause,
Voyez la triste chose,
A la fois je perdais
Et mes pas et mon procès

O désespoir extrême !
Mon avocat lui-même
M'avait dit, le matin,
Le succès est certain !

Et j'ai perdu ma cause !
Même ici je m'expose
A reperdre un procès,
Qui m'a coûté bien des frais.

Amis, dans cette salle,
Et plus gaie et moins sale,
Soyez mes avocats,
Je ne perdrai pas mes pas.

Défendez bien ma cause,
Comptez pour quelque chose
Ces couplets qui sont dus
A la sall' des Pas-Perdus.

CLAIRVILLE,
Membre titulaire.

LE STAGE.

Air : *Merveilleuse dans ses vertus.*

Nous devons chanter les atours
Dont se pare dame Justice ;
Mais au Palais je suis novice,
Et j'en connais peu les détours.
 Je sais pourtant que l'usage
 Veut qu'un avocat nouveau
 Fasse, au moins, deux ans de stage
 Pour être inscrit au tableau.
Quand il aurait d'un bâtonnier
Et le savoir et l'éloquence,
Il sera, malgré sa science,
Deux ans encor presqu'écolier.
 Il n'osera pas prétendre
 A plaider pour l'orphelin,
 Mais, d'office, il va défendre
 Le voleur ou l'assassin ;
Sa cause ne peut l'enrichir,

Heureux si, dans cette rencontre,
Il ne perd sa bourse ou sa montre,
Que son client sait lui ravir !
   En attendant les affaires,
   Et les procès fructueux,
   Pour les pauvres stagiaires
   Combien de jours malheureux !
Mais qu'on choisisse un autre état,
Financier, peintre ou militaire,
Les arts, le commerce, la guerre
N'ont-ils pas un noviciat ?
   Ici quoiqu' on encourage
   Plus d'un chansonnier nouveau,
   Ne faut-il pas faire un stage,
   Pour être admis au Caveau (1) ?
Sorti du collège à vingt ans,
Plein de feu, d'esprit et d'audace,
Un jeune homme croit, au Parnasse,
Trouver le prix de ses talents ;
   Mais avant que la victoire
   Ait couronné ses labeurs,
   Sur le chemin de la gloire
   Que de peines, de douleurs!
C'est en couchant sur un grabat,
En vivant de pain et d'eau claire,
Que plus d'un génie a dû faire
Son long stage de lauréat.

(1) Voir l'art. 4 du Règlement du Caveau.

Autrefois, dans notre armée,
Les nobles, les grands seigneurs
Avaient seuls la renommée,
Les grades et les honneurs ;
Mais aujourd'hui pour parvenir,
Un soldat, de race commune,
Dans son sac porte la fortune,
A lui de l'en faire sortir.

    Cet espoir de la patrie,
    Fait, en brossant son cheval,
    Et balayant l'écurie,
    Son stage de... maréchal !
Courir du matin jusqu'au soir,
Chargé de sucre ou de chandelle,
Peser poivre, riz ou cannelle,
Voir le bonheur dans un comptoir :

    Avoir pour chaque pratique
    Du zèle, des petits soins,
    Être fort peu politique,
    Et littéraire encor moins :
Ainsi s'accomplit, en effet,
Le stage d'un millionnaire,
Qui ne se laisse, en toute affaire,
Guider que par son intérêt.

    Et dans la lice amoureuse
    Que de soins, que de tracas !
    Près d'une capricieuse
    Qui veut, et puis ne veut pas
Promettant, sans vouloir tenir,

Vous croyez qu'elle va se rendre,
Mais elle sait vous faire attendre,
Et fuit quand on croit la saisir.
   Tel aimera davantage
   Fillette au cœur inconstant ;
   Avec elle au moins le stage
   Ne durera qu'un instant.
Mais n'espérez pas la fixer,
Bientôt un autre a su lui plaire ;
Et près de femme, moins légère,
Le stage est à recommencer ;
   Certe il n'en est pas de même,
   Lorsque plus tendre et plus doux,
   De fille sage, qu'on aime,
   On veut devenir l'époux,
Le stage dure plus longtemps,
Mais il assure pour la vie
Un bonheur, que chacun envie,
Et qui doit charmer nos vieux ans !
   Donc, dans toutes les carrières,
   Qui s'ouvrent à nos beaux jours,
   En plaisirs comme en affaires,
   Le stage existe toujours.
Pourquoi s'en plaindre? en vérité,
Chacun sait, par expérience,
Qu'ici-bas souvent l'espérance
Vaut mieux que la réalité !
   Mais je me souviens que stage
   Est synonyme d'arrêt ;

Et que parler davantage
Pourrait nuire à mon sujet.

Un mot par le sort m'est donné :
De ma tâche ici je m'acquitte ;
Et je crois qu'on se félicite
De voir mon stage terminé.

BUGNOT,

Membre titulaire

LES CLERCS.

Air : *Je loge au quatrième étage*.

Au nom du souverain en France
On rend la justice au plaideur ;
Il nomme par une ordonnance
Juge, huissier, greffier, procureur...
Mais sans titre, mais sans office,
Après tous ces agents divers,
Quel appui prête à la justice
La corporation des clercs !

Oui, ce sont les clercs que je chante,
Je fus aussi clerc autrefois,
Et ce souvenir, qui m'enchante,
A mes vers doit donner du poids :
J'ai donc reçu sans répugnance
Le sujet, qui m'était offert,
Et je vais par expérience
Vous dire ce que c'est qu'un clerc.

A peine échappé du collège
Voyez ce gamin, nez au vent,
Chez le charcutier qu'il protège
De l'Étude accourir souvent...
C'est que d'un avenir immense
S'il voit là le chemin ouvert,
Il fournit d'abord la pitance
En qualité de petit clerc.

Puis bientôt la barbe lui pousse,
Il se prend presque au sérieux,
Sa plume trotte et se trémousse
Sur des écrits fort ennuyeux :
Mais tous ces rôles qu'il entasse
Sont pour l'Étude un profit clair,
Et c'est toujours d'après leur masse
Que l'avoué jauge son clerc.

Plus tard, voyez-le qui se cambre
Dans la salle des Pas-Perdus :
Dossiers en main, de chambre en chambre
Il s'escrime les bras tendus ;
S'il n'obtient pas une remise,
Il s'en venge d'un mot amer,
Mais un référé l'électrise,
C'est là le triomphe du clerc.

Un jour maître clerc il se lève ;
Du client le voilà l'espoir,
Si parfois un procès s'achève
C'est à lui qu'on croit le devoir :
Près des clientes il pérore,
Et s'il est fin, s'il a bon air,
Quelque veuve, charmante encore,
Fait un patron du maître clerc.

D'avoué, d'huissier, de notaire
Tous les clercs ont un même but,
Mais parfois quelque pauvre hère
En reste toujours au début :
A l'Étude il s'immobilise ;
Il y mange un pain bien amer !
Le saute-ruisseau martyrise
Tant et si souvent le vieux clerc !

Enfin, ma tâche est terminée :
Vous ai-je plu?... Je n'en crois rien,
Pourtant je comptais cette année
De mon sujet me tirer bien.
Mais si par ma monographie
Un plat d'ennui vous est offert,
Excusez-moi, je vous en prie,
C'est que j'ai fait un pas de clerc.

FORTIN,
Membre associé.

LA BUVETTE.

Air : *Et voilà comme tout s'arrange.*

Je ne m'étais jamais douté
Qu'on bût au Palais de Justice,
Quand le mot dont je fus doté
M'en offrit le premier indice ;
J'en suis tout étonné, surpris,
Quoi ! de même qu'une guinguette,
Le temple sacré de Thémis,
Sous ses respectables lambris,
Renferme donc une buvette !

L'avocat, au faible cerveau,
Ne sachant parler d'abondance,
Dans les flots d'un large tonneau
Vient retremper son éloquence ;
Puis échauffé, surexcité
Par l'alcool de la piquette,
Puise un plaidoyer frelaté,
Non dans l'esprit de l'équité,
Mais dans celui de la buvette !

Après s'être bien escrimés
Sur le client de l'adversaire,
Les appelants, les intimés
Se rapprochent au choc du verre ;
Les conseillers des demandeurs,
Pour se rafraîchir la luette,
Avec ceux de leurs défendeurs,
Aux dépens des pauvres plaideurs,
S'en vont trinquer à la buvette.

Quelque fois, pour chaque plaidant,
Le jugement est la ruine ;
On a même vu maint gagnant
Presque réduit à la famine ;
D'autres, par le gain d'un procès
Condamnés souvent à la diète,
Maudire, en partant, un succès,
Qui les privait du mince excès
De faire un tour à la buvette.

J. KRAUS.
Membre correspondant.

L'ECRIVAIN PUBLIC.

Aɪʀ de l'Auteur des Paroles.

Courbé, la mine renfrognée,
C'est le plaideur en bourgeron,
Qu'il guette, comme l'araignée
Guette le pauvre moucheron.
Et, quand il a dans sa guérite
Bloqué son client anxieux,
Ouvrant le dossier au plus vite,
Il dit, sans y jetter les yeux.
　　C'est, je considère,
　　Une grave affaire :
　　　Mais au fond
　　　Le procès est bon !

Il faut le voir, quand il conseille,
Citer et Cujas et Rogron ;
Poser sa plume sur l'oreille,
Et ses lunettes sur son front.
Et puis prouver à plus d'un titre
Que le plaideur. sans sourciller,
En lui payant sa part de l'huître
Doit être heureux de s'écrier.

C'est, je crois, compère,
Une grave affaire :
　Mais au fond
Le procès est bon !

Bientôt gravement il se mouche,
Et prend gravement son papier ;
Passe sa plume dans sa bouche,
Et la trempe dans l'encrier.
En voyant la calligraphie
Qui vient illustrer le placet,
Le client, qui se sacrifie,
Redit en vidant son gousset :
　　Ecrivez compère,
　　Fort grave est l'affaire :
　　Mais au fond
　Le procès est bon !

A son client, en homme habile,
Il tient toujours ce boniment :
Cher monsieur, soyez bien tranquille
Sur le rendu du jugement.
Votre cause est si belle cause,
Quelle se plaide seule, car
Justice est une belle chose !...
Quand elle est juste à notre égard.
　　Aussi j'en infère
　　Bien pour votre affaire ;
　　Car au fond
　Le procès est bon !

S'il rédige un placet suprême
Au profit d'un joli minois,
Il dit : présentez-le vous même
Au juge, il aura plus de poids.
Apostillez cette requête
Par un doux jeu d'œil à succès...
Ne craignez pas une défaite...
Qui sera le gain du procès.
    Jouez, ma commère,
    Avec votre affaire,
      Car au fond
    Le procès est bon !

Lorsque le hazard lui présente
Deux adversaires pour clients,
Et que pour lui, la bonne entente
Supprime tous frais et dépens,
Dans le cabaret où l'on fête
Avec le broc, ce bon accord,
Il chante, le premier en tête,
Tout en vidant son rouge bord :
    Vidons, mes compères,
    Ces graves affaires,
      Car au fond
    Le vin est fort bon !

Mahiet de la Chesneraye,
Membre titulaire.

L'HOMME D'AFFAIRES.

Air du *Verre*.

Puisque le sort m'a désigné
Pour chansonner l'homme d'affaires,
Je voulais être renseigné
Sur le truc de ces mandataires;
Il fallait alors consulter
Du Palais quelques stagiaires,
Mais quoi, pour me faire *chanter*,
N'ai-je donc pas l'homme d'affaires!

Dans la salle des Pas-Perdus,
A côté des gens qu'on respecte,
Se montrent des individus,
D'une tournure au moins suspecte;
L'un rampant, l'autre astucieux,
Bref des mines patibulaires,
Qui dénoncent dans chacun d'eux
Un plus ou moins homme d'affaires.

Les avoués sont hors de prix,
Les avocats sont intraitables ;
Ils tirent de riches profits
De discours, souvent misérables ;
Dans un procès, toujours coûteux,
Les plaideurs sont leurs tributaires,
Pourtant cela vaut encor mieux
Que subir un homme d'affaires.

Confiez-vous des intérêts
A cette race tire-laine
Elle vous enlace en ses rets,
Votre affaire alors est certaine ;
C'est bien triste pour les humains,
Mais le cas est des plus vulgaires ;
Votre avoir passe de vos mains
Dans celles de l'homme d'affaires.

Pour vous offrir ces cinq couplets,
J'aurais voulu me voir en veine ;
Ils auraient été plus complets,
Et m'auraient coûté moins de peine.
A vrai dire, ils ne sont pas forts,
Mais enfin soyez débonnaires ;
En redressant les quelques torts
Reconnus chez l'homme d'affaires.

Alex. PARISET.
Membre associé.

9

LES TÉMOINS.

Air de *Fra Diavolo* (Voyez sur cette roche).

L'autre jour ma portière,
Sans nulle préparation,
Me remit, ô damnation !
    Une citation.
J' me souvins qu' ma fruitière,
Avait traité de vieux marsouin
Un monsieur, qu'éprouva l' besoin
    D' répondr' par un coup d' poing...
Tremblez !... de n' pas voir l'*Africaine*,
    Et surtout qu'on vous prenne
      Pour témoin !

A la septième chambre
J'entre, n' pouvant pas reculer,
Me disant : avant d' m'installer,
    J' voudrais bien aller.
Fichtre ! ça n' sent pas l'ambre,

Que j' fis encore, en ayant l' soin
De m'asseoir dans un petit coin
De la port' pas trop loin.
Tremblez!... de n' pas voir l'*Africaine*,
    Et surtout qu'on vous prenne,
        Pour témoin!

Comme il est de bonne heure,
Naïvement et pour tout d' bon,
Je crois que ça n' va pas êtr' long.
    Mais un vieux vagabond,
    Qu'on amène et qui pleure,
Par un témoin fut vu de loin,
Dormant près d'une meull' de foin,
    Et conduit chez l'adjoint...
Tremblez!... de n' pas voir l'*Africaine*,
    Et surtout qu'on vous prenne
        Pour témoin!

L'affaire marche vite,
Le pauvre diable est acquitté;
Le témoin qu'a trop ribotté,
    Est soudain arrêté.
    Puis on appelle ensuite,
Les témoins des époux Pingouin;
L'un est maigre comme un chafouin,

L'autre à trop d'embonpoint...
Tremblez!... de n' pas voir l'*Africaine*,
Et surtout qu'on vous prenne
Pour témoin !

L' premier témoin qui soigne
Les ch'veux, dont il est dépourvu,
Se trouve pris au dépourvu,
Et dit qu'il n'a rien vu.
L' second témoin témoigne
Que l'accusé, comme un sagouin,
S'est enfui d' chez monsieur Pingouin,
En très léger pourpoint...
Tremblez!... de n' pas voir l'*Africaine*,
Et surtout qu'on vous prenne
Pour témoin !

— Levez donc la main droite,
Dit l' président, près d' se fâcher ;
Le témoin, sans s'effaroucher,
Répond : je suis gaucher...
Puis celui, qui l'emboîte,
S'écrie : oui, j'ai vu ce bédouin,
Qui lardait de grands coups d' tiers-point,
L' *camaro* dans un coin...
Tremblez !... de n' pas voir l'*Africaine*,
Et surtout qu'on vous prenne
Pour témoin !

L' président apostrophe,
Un témoin, et lui dit : Vot' nom ?
— J' vas vous l' dir', ça n' sera pas long,
J' me nomm' Christoph'-Colomb ;
Mais je n' suis pas l' Christophe,
Qu'a trouvé l'Amériqu', j' suis loin
De m'être donné ce tintouin,
Je n' connais que Saint-Ouen ..
Tremblez !... de n' pas voir l'*Africaine*.
Et surtout qu'on vous prenne
Pour témoin !

Un autre, auquel on d'mande
Egalement son nom, répond :
Mais avec le plus rude aplomb,
Jadis j' m'app'lais Raymond ;
Je crains d'être à l'amende,
A ma femm' quand j' me suis conjoint,
D' lui donner mon nom j'ai pris l' soin,
Il ne m'appartient point...
Tremblez !... de n' pas voir l'*Africaine*,
Et surtout qu'on vous prenne
Pour témoin !

L'affair' de ma fruitière
Est remise à huitaine, et j' vais

Avec délice prendr' le frais :
Mais non loin du Palais,
Je retrouv' ma portière,
Qui me dit à brûle-pourpoint :
Quand j' fais un mauvais coup j'ai l' soin,
Qu' les témoins soient bien loin...
Tremblez!... de n' pas voir l'*Africaine*,
Et surtout qu'on vous prenne
Pour témoin !!

Jules DE BLAINVILLE,
Membre titulaire.

L'ENQUÊTE,

AIR : *Ah ! qu'il est doux de vendanger.*

Certe un juge d'instruction
   N'a pas de passion !
Mais son interrogation
   Vaut un trait d'arbalette :
   Comme lui, mon crayon
   Va tracer *une enquête.*

Alors qu'il s'agit du Palais,
   Songeons à vos palais :
Aux primeurs, saumons et poulets
   Faites-vous toujours fête ?..
   Pour relater ces faits
   J'établis *mon enquête.*

Chansonnez-vous avec amour
   Tous les cancans du jour ?
Voilez-vous, dans un malin tour,
   La rime deshonnête ?...
   Pour égayer la Cour,
   J'y lirai *mon enquête.*

Au lyrisme donnant accès,
  Parfois, sans trop d'excès,
Exaltez-vous le preux français,
  Que nul péril n'arrête ?..
  Vos chants et des succès
  Grossiront *mon enquête.*

Le huis clos toujours vous plaira
  Avec Rose ou Clara,
Amis, de ces cocottes là
  Brusquez-vous la conquête?
  Je veux voir tout celà
  Couché dans *mon enquête.*

Portez-vous toujours les chevrons
  Des anciens biberons?
Lestés du jus des vignerons,
  Gardez-vous votre tête?..
  Le Code des Lurons
  Doit guider *mon enquête.*

Bref, je vois, pour m'édifier.
  Que du franc Désaugier
Chacun de vous est l'héritier !
  Ce qui n'est pas trop bête.....
  Vous aurez le dossier,
  En lisant *mon enquête.*

Justin CABASSOL,
Membre honoraire.

LE PLACET.

Air : *Ainsi jadis un grand prophète.*

Quoi! du Code de procédure
Le sort, par arrêt solennel,
Veut que je fasse une ceinture
Aux vers commandés à Brunel?
J'ai beau fouiller dans ma caboche,
Il ne me vient aucun verset....
Il faut-être de la basoche
Pour bien rédiger un placet!

Le placet, qu'il faut que je fasse,
N'est pas cette pétition
Qui des grands implore une grâce,
Un secours, une pension.
Au style étrange des affaires
Je dois me conformer, et c'est
Suivant les us judiciaires
Qu'il faut rédiger mon placet!

Plaider n'étant pas ma partie,
Malgré le mandat que je tien,
J'aime mieux chanter la folie
Très mal, que de plaider très bien.
De mon plat je sais qu'on va rire,
Et que, tirant de son gousset
Un calembourg, Poincloud va dire :
Mon Dieu! quel drôle de *plat c'est !*

Tous ensemble choquons nos verres,
Et buvons la même liqueur,
Au Caveau nous sommes tous frères,
Et le vin réchauffe le cœur.
Procès, pétition, supplique,
Chez nous font place au gai tercet....
Chantons, et zut à la critique!
Chacun dira : *mihi placet !*

A Dieu je demande une grâce,
Puisque nous sommes réunis;
C'est que sa bienveillance fasse
Que nous puissions, en vrais amis,
D'une main sûre et redoutable
Des flacons briser le lacet,
Et bien longtemps chanter à table!....
Amis, c'est mon dernier placet!

BRUNEL,

Membre associé.

LES RÉFÉRÉS.

Aɪʀ : *Il me faudra quitter l'empire*

La loi nous dit qu'en cas d'urgence,
Ou de discord sur un titre évident,
  Les plaideurs avec diligence,
S'en vont devant monsieur le Président,
En référé, pour vider l'incident.
Dame Basoche, à semblable audience,
Brille d'un zèle... au tarif mesuré ;
Mais, par malheur, s'il s'était égaré
Dans cet enfer, un chansonnier, je pense,
Brillerait peu devant un référé !

  D'une façon fort incommode
Le sort me loge, et je n'ai rien de neuf
  A vous faire voir sur le Code
De procédure, article huit cent neuf...
Ma muse en vain veut s'enfler comme un bœuf.
Très prudemment j'arrête la dépense,

Je me souviens, rimailleur timoré,
De la grenouille au ventre déchiré...
Et le Caveau n'ordonne pas, je pense,
Que l'un des siens succombe en référé !

A vous, mes amis, j'en réfère,
Est-ce après tout si grande volupté
D'aligner des termes d'affaire
Au lieu d'offrir au vin, à la beauté.
A la folie un encens mérité ?
Non... Je décline ici ma compétence
De bon légiste, et, sans papier timbré,
Quand je ferai des chansons, je prendrai
Tous les sujets, tous, mais jamais, je pense,
Je n'enverrai ma muse en référé !

Duval,
Membre associé.

~~~~~~~~~~~~~~~~~~~~~~~~~~~~~~~

LA CORRECTIONNELLE.

Air de *Marianne.*

Le hasard a des lois étranges ;
Un des plus joyeux samedis
De l'an dernier, avec les anges,
Il m'envoyait au paradis.
        Toute mon âme,
        En traits de flamme,
Se dilatait au séjour des élus ;
        Mais, cette année
        Moins fortunée,
Rien, rien chez moi ne se dilate plus...
  Me touchant du bout de son aile,
  Un vieux gnôme, à l'œil sombre et froid,
  Ce matin m'a montré du doigt
        La correctionnelle !

Dissipons une vaine alarme,
Si par-là j'allais m'égarer,
J'en suis certain, le bon gendarme
D'Allard m'empêcherait d'entrer.

Envers le crime
La voix s'exprime
Dans certains cas trés... cavalièrement,
Mais l'innocence,
Toujours en France,
Avec *Pandore* a beaucoup d'agrément.
N'ayant, d'une main criminelle,
Frappé ni Berthe ni Laura,
Je ne puis craindre d'aller à
La correctionnelle !

Et cependant, lorsque j'y pense,
Un logicien un peu fort
Pourrait, sans trop d'inconséquence,
Au bon gendarme donner tort.
Quand la bêtise,
Que son or grise,
En plein soleil fait tinter ses grelots,
Quand l'arrogance,
Quand l'impudence
Gagnent souvent ici-bas les gros lots,
La justice rationnelle
Voudrait qu'un sot, qui se conduit
En honnête homme, fut traduit
En correctionnelle !

Accusé,—me dirait sans doute
Le président — qu'avez-vous fait

Depuis vingt ans?— Coûte que coûte,
J'ai marché droit... et satisfait.
    De la richesse,
    Je le confesse,
Je n'ai pas su conquérir les faveurs...
    Et sur ma vie
    J'ai, sans envie,
Semé des vers, des plaisirs et des fleurs.
J'ai chanté sous l'humble tonnelle
Le vin, l'amour, la liberté...
Cela m'aurait-il mérité
    La correctionnelle !

Je plaisante... car notre monde,
De vains sophismes rebattu,
Laisse aux lieux, où la foule abonde,
Circuler encor la vertu.
    L'intelligence
    Fait diligence
Pour esquiver le poncif, le banal,
    Et voit cent choses
    Très grandioses
Sans faire appel au vieux code pénal.
S'il n'était pas mort, Fontenelle
N'enverrait, d'un trait de sa main,
Que la moitié du genre humain
    En correctionnelle !

Ma verve ici n'est pas suspecte,
Et, malgré quelques malins traits,
Chacun sait combien je respecte
La justice... de vos arrêts.
    Pourtant je tremble,
    Car il me semble
Que j'ai, ce soir, esquissé mollement
    Une matière
    Que, toute entière,
Seul un gredin peindrait habilement.
A ma modeste villanelle
Daignez faire un accueil flatteur,
Et n'envoyez pas son auteur
    En correctionnelle !

Victor LAGOGUÉE,
Membre titulaire.

LE PROCUREUR IMPÉRIAL

Air du *Brésilien*.

Du palais de dame Justice
Ce soir on chantonne les us,
Voici ma pierre à l'édifice,
Le verre en main, faites chorus !
Si je lâche quelques bêtises
Excusez-moi, j'aime Babet....
Et vais moins à la Cour d'assises,
Qu'en son logis frais et coquet,
Voilà pourquoi je chante mal
Un sujet aussi magistral
Que le procureur impérial.

Vêtu de noir comme un notaire,
Son cou dans son faux-col planté,
Semble au système cellulaire
Être mis à perpétuité.
Aigre comme une aigre crecelle,
Sa voix a de fauves accents,

Et va tonnant sempiternelle
Contre les vices des méchants,
C'est le glas, sinistre, fatal,
Qui retentit au tribunal :
C'est le procureur impérial.

Trois heures sans reprendre haleine
Il discourt, ce cher procureur,
Pour un foulard que par hygiène
A chipé quelque maraudeur :
Mêlant la rose à la cigüe,
Son esprit est plein d'enjouement,
C'est par un bon mot qu'il vous tue,
Mais vous mourez.... en souriant :
Le vengeur du corps social,
Luttant sans cesse avec le mal,
C'est le procureur impérial.

Si, quittant la robe et la toge,
En sa demeure il vient s'asseoir,
A sa moitié, qui l'interroge,
Il dit : « C'en est fait du pouvoir !
« Et dès demain j'en interjette....
« Les juges sont trop bons enfants,
« Du gueux je demandais la tête,
« L'on ne m'accorde que dix ans !..
« Le crime était patent.... brutal !..
« A quoi sert le Code pénal
« Et le procureur impérial !

Mais quand au firmament ricane
Madame la Lune en son plein,
Il dit bonsoir à la chicane,
Le tigre devient patelin !
A la bouillotte Thémis vole,
Et fait son tout sans s'effrayer,
Mais ne passe jamais parole,
Par habitude du métier !
Puis deux sous la fiche, au total,
Ce n'est pas un jeu colossal
Pour le procureur Impérial.

Si le bon Dieu par aventure
M'eut fait procureur, au barreau
Quelle sotte et laide figure
Feraient les sots, les buveurs d'eau !
Car c'est contre eux que, sans vergogne,
Je tonnerais à pleine voix :
Quelques vieux fûts de bon bourgogne
Les convertiraient à nos lois.
Le monde deviendrait moral,
On n'aurait plus de Tribunal,
Ni de procureur impérial.

DEMEUSE,

Membre associé.

L'AVOCAT D'OFFICE

Air : *De la famille de l'apothicaire*

Je désirais, pour ce banquet ,
Une série assez follette,
Où chacun eut trouvé l'sujet
D'une joyeuse chansonnette ;
Mais le Caveau, pour mots donnés,
A choisi le Palais d' Justice ;
Ne soyez donc pas étonnés
D'entendre l'avocat d'office.

Lorsqn'on vous intente un procés,
Il faut songer à se défendre,
Et, pour bien expliquer les faits,
Les discuter, les fair' comprendre,
On veut le meilleur avocat,
Renommé près de la justiee :
Puis, sans attendr' le résultat,
On pai' d'avance son office.

Parfois l'intègre défenseur,
Après examen de l'affaire,
Croira compromettr' son honneur
En vous prêtant son ministère ;
Il vous dira : ne plaidez pas,
Faites plutôt un sacrifice ;
Tel est son avis et, dans c'cas,
Il vous refuse son office.

Mais il en est tout autrement,
Dans une affaire criminelle,
Quand, à la cour, un garnement
Doit comparaître devant elle ;
S'il n'est pas pourvu d'avocat,
Comm' l'exig' la loi protectrice,
Le président, avant l' débat,
Lui nomme un avocat d'office.

Ce dernier s' montre disposé
A s'occuper d' suit' de l'affaire,
Afin de défendr' l'accusé,
Sans jamais r'cevoir d'honoraire;
Les d'voirs de sa profession
Lui recommandent ce service,
Et, dans aucune occasion,
Il ne peut r'fuser son office.

Un aussi noble dévoûment
Serait digne de récompense,
Mais au lieu de remercîment,
Il ne trouve qu'indifférence ;
On a vu même un malfaiteur,
Que v'nait d'acquitter la justice,
Être assez vil et sans pudeur
Pour voler l'avocat d'office.

A la barr' de ce tribunal
J' voulais présenter ma défense,
Et, quoique plaidant assez mal,
Je m'en applaudissais d'avance ;
Mais voilà que la loi du sort
A tout changé, par son caprice,
Je crains qu'ell' ne m'ait fait grand tort,
En m' donnant l'avocat d'office.

BOUCLIER,

Membre titulaire.

LE VIOLON.

Air de *Pilati*.

Le violon possède deux faces
Qui permettent de le classer,
L'une fait faire des grimaces,
L'autre nous invite à danser ;
C'est Jean qui rit et Jean qui pleure,
Jean danse, et ses pas trop brillants
Vont le conduire tout à l'heure
D'abord dehors, et puis dedans.

Du violon l'étymologie
Remonte dans la nuit des temps,
On voit dans la mythologie
Les dieux pincer d'affreux cancans,
On nous dit que c'était la lyre
Qui les guidait, ce faible son
N'aurait jamais pu leur suffire,
Ils dansaient au son du violon.

Devant les savants je m'incline,
Or quelques-uns ont prétendu
Trouver du violon l'origine
Dans le moyen-âge, attendu
Que lorsqu'on faisait du tapage
Dans la rue ou dans la maison,
Pour se conformer à l'usage
L'archer vous menait au violon.

Mais loin du Palais de Justice,
Muse, ne nous égarons pas,
C'est là, que jeune et fort novice,
Je dirigeai mes premiers pas ;
Le violon c'est le vestibule
Qui conduit à l'appartement,
Où, sans le plus léger scrupule,
Vous installe le jugement.

Au violon le sergent de ville
Amène sans aucuns égards,
Souvent de façon peu civile,
Et les filous et les pochards :
Pris au trébuchet, mis à l'ombre,
Voyant qu'ils ont manqué de flair,
Assurément le plus grand nombre
Voudraient bien se donner de l'air.

D'une manière assez complète
J'ai traité, je crois, mon sujet,
Et je suis dans ce jour de fête,
Heureux si ma chanson vous plaît.
Dans ce banquet, où du champagne
Nous faisons sauter le bouchon,
N'allons pas, battant la campagne,
Nous faire insérer au violon.

A. FOUACHE,
Membre associé.

LE GEOLIER.

Air : *On dit que je suis sans malice.*

Comme tout imprimeur modèle,
J'eus bien en correctionnelle
Une amende douce, un savon,
Mais pas une heure de prison.
Pour peindre celui qui la garde
N'ayant pas le talent d'un barde,
Je vais vous parler de ses mœurs
Comme un aveugle des couleurs.

Air : *Muse des bois,* etc.

Le créateur, s'il permet que la terre
Produise, hélas! le crime et le malheur,
Ordonne aussi, par grâce tutélaire,
Que toute peine ait son consolateur :

Au pauvre aveugle il attache son guide,
Aux hôpitaux la sœur et l'infirmier,
Et, pour sécher une paupière humide,
Dans les cachots il conduit le geôlier.

Pour soutenir sa famille nombreuse,
Il se résigne à ce pénible emploi,
Que lui valut sa taille vigoureuse
Et son air sombre, inspirant quelque effroi.
Sous ces dehors on le croit inflexible ;
Mais s'il est brusque et s'il gronde toujours,
Il est au fond délicat et sensible :
C'est un agneau sous la forme d'un ours.

Autant captif, presque aussi misérable
Que ceux qu'il tient sous ses tristes verroux,
Son cœur s'émeut à l'aspect déplorable
De ces vaincus, faibles, méchants ou fous.
Sans s'informer d'où provient leur souffrance,
Sans rechercher s'ils valent moins que lui,
Sa charité les rend à l'espérance :
Des accusés c'est l'obligeant ami.

Quand le coupable avec un affreux rire,
Comme un maudit, exhale ses fureurs,
Quand l'innocent frémit de son martyre,
Et, résigné, laisse couler ses pleurs,

Il calme l'un, il encourage l'autre,
Et, devançant l'homme de Dieu béni,
Le surveillant se transforme en apôtre :
Des condamnés seul il reste l'ami.

Le vrai plaisir qu'il ait dans cette vie,
C'est lorsqu il rend à ses hôtes ravis
Un bien très rare, et que chacun envie,
La liberté, ce premier paradis.
Imitant Pierre en sa béatitude
Quand il reçoit le troupeau des élus,
Avec bonheur, modérant son ton rude,
De leur prison il chasse les réclus.

ÉPILOGUE.

Air de *Fualdès.*

Le héros à la casquette,
Que l'on traita de geôlier,
S'en vengea comme un guerrier,
Trouvant le mot malhonnête...
S'il m'avait lu tout au long,
Il eût épargné Dulong.

JULES-JUTEAU,
Membre titulaire.

LE JURY

Outr' celui du Cod' pénal,
Notre bell' France possède
Maint jury national
Pour l'homme et le quadrupède :
Ceux qui d' leurs arrêts subiss'nt les effets,
A leur point de vue appréci'nt les faits :
S'lon qu'ils leur vienn'nt ou non en aide,
Ils s'font sur la chose une opinion,
Et vantent bien haut, sans restriction,
Ou blâm'nt du Jury l'institution !

Un Monsieur, qui cert's n'a pas
De l'amour pour ses parentes,
Fait passer d' vie à trépas
Un' jeun' sœur et deux vieill's tantes :
Le juré, chargé d' décider d' son sort,
Se crée un fantôm' d' la peine de mort,

Grâce aux circonstanc's atténuantes,
L' bandit, qui comprend la position,
En lui donnant sa bénédiction,
S' dit : l' jury! quell' bonne institution !

. Des chiens l'exposition,
  S'ouvrant aux pauvr's comme aux riches,
  Admit sans distinction
  Levriers, boul'dogu's, caniches :
Que d' gens, dont l' carlin n'était pas primé,
Prétendaient, d' fureur l'esprit animé,
  Que l' jury leur faisait des niches,
En n' leur accordant aucun' mention,
Et partout hurlaient d'indignation :
Le jury! quell' chienn' d'institution !

  La vill', qui ressent l' besoin
  D'exproprier votr' demeure,
  A c' qu'elle vaut offre avec soin
  Un' somm' bien inférieure :
Mais l' jury, d'vant l' quel on est renvoyé,
Pens' qu'il peut un jour être exproprié,
  Qu'il faut donc fair' la part meilleure,
Et triple le prix d' l'habitation :
Vous dit's, le cœur plein d'admiration :
Le Jury! quell' riche institution !

Certains maîtr's entre eux unis
D' la peinture ont l' monopole,
On s' donne un vilain vernis
Si l'on est d'une autre école :
Mais on est certain, quand on s'met des leurs,
Qu'on coup' dans leur plan et prend leurs couleurs,
   Si c' qu'on prétend n'est pas un' colle,
D'avoir médaill', prix, décoration !
Ceux qui n'ont point part à l'ovation
Maudiss'nt de c' jury l'institution !

L' Caveau, d' partialité
Sans que jamais on l'accuse,
Juge dans son comité
Les produits de chaque muse :
Lorsque d'un chef-d'œuvre on se croit l'auteur,
On tombe souvent de tout' sa hauteur,
   S'il arrive qu'on vous l' r'fuse,
C' qui sembl' vous donner un brevet d'oison !
On boud' !... puis après, r'lisant sa chanson,
On voit qu' les jurys ont parfois raison !

Louis PROTAT,
Membre titulaire, Président,

L'ACCUSÉ.

Air : *Ne raillez pas la garde citoyenne.*

De l'accusé la physionomie
A mille aspects pour un observateur ;
Mais sache bien, chansonnette, ma mie,
D'un tel sujet ne prendre que la fleur.

L'approfondir te mettrait mal à l'aise.
De noms trop grands évite le danger :
N'évoque pas l'accusé Louis seize,
Laisse dormir l'accusé Béranger.

Esquisse tel ou tel, crayonne un type,
Cherche le mal sous le masque ingénu ;
Mais cependant médite ce principe,
Que l'accusé n'est rien qu'un prévenu !

Et maintenant passe, passe en revue
Les malheureux à la barre traduits ;
Chante, ma mie, et tâche qu'à leur vue
Quelques effets de rire soient produits.

Au tribunal, dit de simple police,
Monsieur Prudhomme arrive avec lenteur :
En un endroit.... rebelle à l'immondice,
Il s'arrêta.. . pour blesser la pudeur:

« C'est un délit — dit-il — des plus godiches,
« Épargnez-moi des *attendus* trop durs ;
« Multipliez les colonnes-affiches,
« Et mes besoins respecteront vos murs. »

Le blond Nadar en correctionnelle
Est amené pour avoir, à dessein,
Montré Vénus sans gilet de flanelle,
Un doigt placé... bien plus bas que le sein ;

Le Procureur impérial tempête..,
Le défenseur démontre, en coupant court,
Que la Vénus par l'objectif fût faite
D'après un marbre, orgueil du Luxembourg.

Pleins de terreur, entrons en cour d'assises.
« —Vos noms?—trente ans. — votre âge? — Jean Gigo
« Le fait est clair, les preuves sont acquises ;
« Un malheureux est tombé sous vos coups! »

Vingt-cinq témoins sont entendus, le crime
N'est pas prouvé; pourtant, dans un bocal,
On recueillit le sang de la victime ..
Horreur!.. j'ai vu frémir le tribunal !

Un grand chimiste arrive.... il analyse.
En séparant l'albumine et le fer,
Ce sang versé!.. lâchement!.. par surprise!..
Dans une étable à porc!.. un soir d'hiver!..

Un charcutier, mandé par la défense,
Tente à son tour l'expertise ; soudain!
L'homme de l'art, goûtant en conscience,
S'écrie: « Eh! mais... c'est d'excellent boudin!»

Sur quoi Gigoux, que le désespoir nâvre,
Reprend courage, et d'un air folichon,
Prouve à la cour, mieux que Lachaud ou Favre,
Que sa victime . . est un simple cochon.

Nadar, Gigoux, Prudhomme — plus d'alarme !
Trois tribunaux vous acquittent tous trois ;
Et le gendarme, avec un certain charme,
Mouille de pleurs sa moustache et sa croix.

Ici, Messieurs, s'arrête mon esquisse ;
J'ai fini ! — Mais, pour montrer en passant
Comme on devrait comprendre la justice,
De l'accusé j'ai fait un innocent.

Alexandre FLAN,
Membre titulaire.

LE HUIS-CLOS.

Air : *On dit que je suis sans malice.*

Il faut pour remplir votre attente,
Qu'en termes décents je vous chante
Le huis-clos, qu'on ordonn' parfois
Avant que d'appliquer les lois :
Pour moi la chose est difficile,
Je voudrais être plus habile
A vous traduire des propos,
Qui vienn't égayer un huis-clos.

Dès qu'une affaire est scandaleuse,
Parmi la foule curieuse
Au Palais on voit accourir
Des dames, sans craint' d'y rougir.
Connaissant d'ailleurs not' faiblesse,
Chacune d'elle s'intéresse
Au garçon qui s' trouv' le héros
D'un délit commis à huis-clos.

Dans nos gazettes j'aime à lire
Les procès, qu' la passion inspire,
Et motiv' chez tant de vauriens
Les séparations d' corps... et de biens :
Ces détails ont pour moi tant d' charme
Qu' j'ambitionn' le sort d'un gendarme,
Que jamais on n' juge à propos
De renvoyer pour un huis-clos.

Je vais vous dir' sans commentaire
Le résultat d'un' drôl' d'affaire :
Ma voisine, au sortir du bain,
S' rendait chez un jeune gandin ;
L'époux le surprend, dans sa rage,
Lui fait subir l' cruel outrage
Qui d'Abélard troubla l' repos !...
Et n' peut s'expliquer qu'à huis-clos.

Pétrone, en langag' poétique,
Chantait une ivresse impudique
Qui, pour la honte des humains,
Etait commun' chez les Romains.
En France, où l'on ador' les femmes,
De tels homm's sont traités d'infâmes,
A l'amour ils tournent le dos,
Et nous les jugeons à huis-clos.

Pour avoir célébré la gloire,
Et les hauts faits de notre histoire,
Sous les Bourbons, on fit juger
L'immortel poèt' Béranger:
Mais en vain on voulait proscrire
Les refrains, honneur de sa lyre!
Malgré les juges, les cagots,
L' peuple les chantait à huis-clos.

C'est à huis-clos qu'on examine
Au Caveau, mainte œuvre badine,
Dont le r'jet nous cause parfois
Malgré nous de secrets émois :
Ce soir je crains moins vot' sentence,
L' président, rempli d'indulgence,
M'a dit, dans son avant-propos,
Que j' gagn'rais ma cause à huis-clos.

LYON,
Membre titulaire.

LE POURVOI.

Air : *On dit que je suis sans malice.*

Moi, qui de la Jurisprudence
Ne possède pas la science,
Comment ferai-je, sur ma foi,
Pour mettre en chanson le *Pourvoi?*
Dussé-je au sort faire une injure,
Je voudrais bien, je vous le jure,
Contre cette décision
Me pourvoir en cassation !

Mais ce moyen, vraiment commode,
M'est interdit de par le *Code* :
J'ai laissé passer les délais,
Ainsi que l'on dit au Palais ;
Bon gré, mal malgré, faut que je chante
Ce damné mot qui m'épouvante,
Ne pouvant, sans rébellion,
Me pourvoir en cassation !

Un plaideur croit toujours bien faire
D'en appeler, car il espère
Triompher en dernier ressort
Des arrêts qui lui donnent tort :
En vain on lui dit qu'il se leurre,
Que l'autre cause est la meilleure,
Il veut, bravant l'opinion,
Se pourvoir en cassation !

A l'autel cette fiancée
Marche, la paupière baissée,
Pleurant sur les jeunes amours
Qui devaient embellir ses jours ;
La pauvre enfant doit—on l'ordonne,
Prendre le vieillard qu'on lui donne,
N'osant contre son union
Se pourvoir en cassation !

Mari d'une femme jolie,
Ce jaloux veut, dans sa folie,
Loin des regards la renfermer,
Croyant ainsi se faire aimer.
En dépit de ce stratagème,
Dans les bras de l'amant qu'elle aime
Madame, sans permission,
Se pourvoit en cassation !

Cet héritier, à l'œil avide,
Près de ce moribond livide
Attend que de la Faculté
L'arrêt fatal soit édicté :
Tout-à-coup survient une crise,
Le mourant... ciel! quelle surprise !
Contre sa condamnation
Se pourvoit en cassation !

Hier, j'étais en tête-à-tête
Avec la gentille Nicette ;
En voulant lui... parler d'amour,
Je manque, hélas! le premier tour :
Pour mon honneur je recommence,
Je... remanque en deuxième instance !...
Puis-je, dans cette occasion ,
Me pourvoir en cassation ?

J'ai fini... mais plus j'examine
De mes couplets la triste mine,
Plus je crains que dans le recueil
On leur refuse un bon accueil ;
Pourtant, de cet honneur insigne
Si vous croyez que je sois digne,
Je n'ai pas la prétention
De m' pourvoir en cassation !

C. GROU,
Membre associé.

LE GENDARME.

Aɪʀ : de *Préville et Taconet.*

Près d'un gendarme, amis, ne croyez pas
Me voir entrer dans un joyeux délire,
Quand chez Thémis je dois suivre ses pas,
Du gendarme, chez elle, est-il prudent de rire?
Au nom des lois et de l'autorité,
Dressant l'oreille et prêt à toute alarme,
C'est l'instrument de la sévérité !
 J'admire et je plains le gendarme.

Tout accusé peut être un innocent,
Et cependant sur un ordre il l'enchaîne,
Du désespoir s'il écoute l'accent,
Il ne peut adoucir, ni détacher sa chaîne.
D'un criminel le navrant repentir
Peut le toucher, jamais ne le désarme,
Car la clémence en vain doit l'avertir :
 J'admire et je plains le gendarme.

Souvent en lutte avec un malfaiteur,
Qui le coudoie et lui verse l'outrage,
Loustic de bagne, insolent argoteur
En quolibets sur lui fait éclater sa rage.
Le loup en veut au vieux chien du berger,
De ses exploits empêchant le vacarme,
Et préservant le troupeau du danger :
J'admire et je plains le gendarme.

Quand, par malheur, l'homicide appareil
Au point du jour doit trancher une tête,
Il est levé bien avant le soleil,
Et prêt à s'équiper, comme en jour de fête.
Contre l'abus du cruel châtiment
Si par hazard son esprit se gendarme,
Il est pourtant acteur au denoûment :
J'admire et je plains le gendarme.

Parfois guettant un hardi braconier,
Qui voit de loin briller son épaulette,
Il va risquer, courageux pionnier,
Pour un perdreau sa vie ou pour une alouette.
C'est pour garder aux puissants d'ici-bas
Le superflu qui pour eux a du charme,
Qu'il donne ou bien qu'il reçoit le trépas :
J'admire et je plains le gendarme.

Quand nos journaux annoncent maints combats,
Ou notre armée a pu chanter victoire,
Qu'à l'étranger nos valeureux soldats
Moissonnent des lauriers, et se couvrent de gloire.
Le bon gendarme, effroi des meurtriers,
A ces récits doit verser une larme,
Pour son labeur il n'est pas de lauriers :
J'admire et je plains le gendarme.

ALLARD-PESTEL,
Membre titulaire.

LA CONCIERGERIE.

Air : *Tout le long de la rivière.*

Avais-je perdu la raison,
Lorsque pour sujet de chanson
J'ai choisi, par étourderie,
Ce triste mot : Conciergerie!
Dans ce cercle assez mal fâmé
Maintenant je suis enfermé ;
Et je ne sais devant la galerie
Comment me tirer de la Conciergerie.
Au diable soit la Conciergerie !

Comment rimer de gais couplets ?
Bien que ce lieu touche au Palais,
Pour faire une chanson de table
C'est un sujet bien lamentable ;
Pour mettre en verve ma gaîté
Il faut grand air et liberté,
Ma muse a peur de la gendarmerie.
Comment donc sortir de la Conciergerie ?
Au diable soit la Conciergerie!

Parlerai-je du souterrain
Où cet espiègle de Mandrin,
Et Cartouche, cette autre drôle,
Furent logés à tour de rôle?
Deux voleurs qu'on a roués vifs
Ne sont pas bien récréatifs.
Le règlement ordonne que l'on rie;
Comment dont sortir de la Conciergerie?
Au diable soit la Conciergerie !

C'est dans ce séjour redouté
Qu'on enferma la royauté,
La pauvre Marie-Antoinette
Dut bien regretter sa houlette,
Et son troupeau de Trianon,
Dans cet horrible cabanon.
Les loups avaient détruit la bergerie,
Et mis la bergère à la Conciergerie.
Maudite soit la Conciergerie !

C'est là que par de vils gredins
Furent plongés les Girondins.
Honneur à ces âmes stoïques,
A ces victimes héroïques!
Mais chut !.. j'entends le Président
Me dire qu'il n'est pas prudent
De déployer certaine théorie,
Si l'on veut sortir de la Conciergerie.
Au diable soit la Conciergerie !

Mais évoquons, dans ces cachots,
Des souvenirs encor tout chauds :
Voici Madame Lavalette,
Prêtant à Monsieur sa toilette
Pour le tirer de ce local ;
Vrai quine d'amour conjugal.
Je n'ai plus foi dans cette loterie ;
Comment donc sortir de la Conciergerie?
   Au diable soit la Conciergerie !

Enfin pourtant j'en suis sorti ;
Mais je n'en suis pas mieux loti,
Car je dois encor ma pistole :
Le Pinde n'est pas le Pactole,
Et, si l'on allait en prison
Pour une mauvaise chanson,
La mienne hélas! pourrait bien, je parie,
Me faire remettre à la Conciergerie.
   Épargnez-moi la Conciergerie !

E. GRANGÉ.
Membre titulaire.

TABLE

Paris.—Imprimerie A. Appert, passage du Caire, 56

www.ingramcontent.com/pod-product-compliance
Lightning Source LLC
Chambersburg PA
CBHW072103090426
42739CB00012B/2850